Beck'sche Reihe

BsR 1262

„Du Freitag – ich Robinson." Wer kennt nicht Defoes Klassiker *Robinson Crusoe*, in dem der wohl bekannteste Kannibale das Licht der literarischen Welt erblickte und unter dem „heilsamen Einfluß" westlicher Kultur die Unsitte ablegte, Menschen zu verspeisen. Was aber wäre, wenn es niemals einen historischen Freitag gegeben hätte – wenn die zahllosen Geschichten von Menschenfressern, die zu allen Zeiten und an so ziemlich allen Orten der Welt erzählt wurden, nur ein liebgewordener Bestandteil alter wie neuer Mythen wären? Tatsächlich finden sich bis auf den heutigen Tag Völker an den Rändern der sogenannten zivilisierten Welt oder auch Randgruppen in der eigenen Gesellschaft, über die man sich jedes Schauermärchen zu erzählen wagt. Forschungsreisende haben ebenso häufig wie Vertreter der Wissenschaft bei der Entstehung solcher Horrorgeschichten eine unrühmliche Rolle gespielt. Dies wiegt um so schwerer, als Phantastereien dieser Art nicht selten dazu dienten, Angehörige anderer Kulturformen oder Glaubensgemeinschaften ihres Menschseins zu entkleiden, um sie – unbeschwert von moralischen Bedenken – leichter unterjochen, ausbeuten, quälen oder auch töten zu können. In diesem fesselnden und informativen Buch werden die sogenannten Quellen und Indizien für kannibalische Praktiken von der Frühzeit des Menschen bis in die Gegenwart einmal genauer angeschaut und die „Augenzeugenberichte" auf ihre Glaubwürdigkeit geprüft. Die Leserinnen und Leser dürfen gespannt sein auf manche archäologische und völkerkundliche Überraschung ....

Heidi Peter-Röcher, die Autorin des vorliegenden Bandes, studierte in Berlin Ur- und Frühgeschichte, Ethnologie und Geologie. 1993 wurde sie mit einer viel beachteten Untersuchung über Kannibalismus in der prähistorischen Forschung zum Dr. phil. promoviert. Heute leitet sie die Gesellschaft für Archäologische Denkmalpflege e.V. am Seminar für Ur- und Frühgeschichte der Freien Universität Berlin.

HEIDI PETER-RÖCHER

Mythos Menschenfresser

Ein Blick in die Kochtöpfe der Kannibalen

VERLAG C. H. BECK

Mit 11 Abbildungen

Die Deutsche Bibliothek – CIP-Einheitsaufnahme

Peter-Röcher, Heidi:
Mythos Menschenfresser : ein Blick in die Kochtöpfe der Kannibalen / Heidi Peter-Röcher. – Orig.-Ausg. – München : Beck, 1998
(Beck'sche Reihe ; 1262)
ISBN 3 406 42062 1

Originalausgabe
ISBN 3 406 42062 1

Umschlagentwurf: Uwe Göbel, München
Umschlagabbildung: Ausschnitt aus einem Kupferstich aus der Werkstatt de Brys (16. Jh.), der Einwohner Brasiliens beim Mahl zeigt;

Gesamtherstellung: C. H. Beck'sche Buchdruckerei, Nördlingen
Gedruckt auf säurefreiem, alterungsbeständigem Papier
(hergestellt aus chlorfrei gebleichtem Zellstoff)
Printed in Germany

Inhalt

Vorwort

Kannibalismus, Anthropophagie oder Menschenfresserei wird zumeist als abstoßend empfunden, verschafft dem Leser aber auch nicht selten, etwa bei der Lektüre von Robinson Crusoe, ein wohliges Gruseln. Es gilt als allgemein bekannt, daß viele Völker Menschen gegessen haben – fast jeder kann ein Gebiet, einen Stamm, ein „Rezept", ein Motiv nennen. Die Vorstellungen über Kannibalismus gehen zwar weit auseinander, jedoch meint jeder einzelne genau zu wissen, worum es sich dabei handelt. In diesem Buch wird der Frage nachgegangen, ob das, was wir als Wirklichkeit kennengelernt haben, tatsächlich so existierte oder ob es sich um Stereotypen handelt, auf welchen Grundlagen dieses Wissen basiert und welche Folgen derartige Vorstellungen haben können. Denn Kannibalismusbeschuldigungen sind im allgemeinen nicht neutral – sie dienten der Verunglimpfung, der Rechtfertigung von Unterdrückung, Versklavung, Verfolgung und Ausrottung, sowohl von fremden Völkern als auch von unerwünschten Gruppen im eigenen Land. Und noch heute trägt die Zuschreibung kannibalischer Handlungen zur Abgrenzung bei: „Menschenfresser sind eben doch gänzlich andere Menschen".

Umfassende Zweifel am vermeintlichen Wissen um Menschenfresser äußerte erstmals 1979 William Arens in seiner Studie *The Man-Eating Myth. Anthropology and Anthropophagy*, die zunächst sehr unterschiedliche Reaktionen bis hin zu beleidigenden Äußerungen gegen den Autor nach sich zog, letztlich aber eine intensive Diskussion um die Realität des Phänomens in Gang setzte. Dieser Arbeit verdanke ich viele Anregungen und die Gewißheit, daß Quellen, gleich welcher Art und welchen Inhalts, immer kritisch hinterfragt werden müssen, da es sich auch bei vermeintlich wissenschaftlich erwiesenen Tatsachen um nichts anderes als um Glaubenssätze handeln kann.

Im vorgegebenen Rahmen kann nur eine gestraffte Darstellung erfolgen. Anmerkungen wurden soweit möglich vermieden. Das Literaturverzeichnis umfaßt ausgewählte Literatur sowie die in den Anmerkungen nur mit dem Erscheinungsjahr genannten Arbeiten. Ausführlicher sind viele der hier beschriebenen Sachverhalte in meiner Dissertation *Kannibalismus in der prähistorischen Forschung* (Bonn 1994) sowie in verschiedenen Aufsätzen behandelt.

Für anregende Diskussionen, Kritik, geduldiges Zuhören und praktische Unterstützung möchte ich mich insbesondere bei Dr. Cornelia Becker, Dr. Nikolaus Boroffka, Dr. Frank Falkenstein, Prof. Dr. Bernhard Hänsel, Dr. Svend Hansen, Erika Hausmann, Juliane Hummel M. A., Reinhard Jung M. A., Dr. Annerose Menninger, Dipl.-Biol. Michaela Moser, Dr. Johannes Müller, Christine Sennewald M. A., Heike Stahl, Sonja Striegl, Andreas Ströbl M. A., Blandine Wittkopp M. A. und meiner Familie bedanken. Dr. Stefan von der Lahr und dem Verlag C. H. Beck gebührt mein besonderer Dank.

Menschenfresser – Anthropophage – Kannibale

Primitive Vorfahren, die in grauer Urzeit um ein Feuer sitzen und ihre Artgenossen verzehren, Missionare im Kochtopf wilder Eingeborener oder Robinson, der den armen Freitag im letzten Moment vor gefährlichen Kannibalen rettet ...

Entsprechen diese wohl jedem vertrauten Vorstellungen von Menschenfressern tatsächlich der Realität, oder handelt es sich in Wahrheit um einen Mythos? Eine Frage, die nicht leicht zu beantworten ist. Die Vielzahl an Berichten von Reisenden, Konquistadoren, Forschern, Missionaren und Ethnologen, die sich bei Kannibalen oder in ihrer Nähe aufgehalten haben wollen, scheint auf den ersten Blick keinen Zweifel an der Existenz von Menschenfressern aufkommen zu lassen. Von der Antike bis heute finden sich zahlreiche Beschreibungen von Völkern, die aus rituellen oder rein profanen Motiven ihre Artgenossen verspeist haben sollen. Auch in den archäologischen Disziplinen werden Menschenknochen, die Schnittspuren aufweisen, zerbrochen sind oder zwischen den Abfällen einer Siedlung liegen, zumeist als Überreste von Kannibalenmahlzeiten gedeutet.

Nicht nur kulinarische Gründe hätten die Bewohner weit entfernter Weltgegenden oder die Menschen der Urzeit zum Verzehr anderer Menschen getrieben. Gefühle wie Liebe, wenn sie voller Achtung die Körper oder die verbrannten Knochen toter Angehöriger in sich aufnahmen, wurden ebenso als Ursache vermutet wie Rache und Haß, wenn sie gefangene Feinde zerlegten, brieten und unter Schmähungen in ihren Mägen vernichteten. Religiöse Glaubensvorstellungen, die Aufnahme von Eigenschaften besonders mutiger Feinde, die Abneigung, geliebte Verwandte den Würmern zu überlassen und Nahrungsbeschaffung oder besondere Formen der Feinschmeckerei – damit sind die verschiedenen Motive beschrieben, die der Menschenfresserei zugrunde liegen sollen.

Zahlreiche Einteilungen wurden vorgenommen, so etwa durch den Kulturwissenschaftler Ewald Volhard in seiner klassischen Studie *Kannibalismus* von 1939, der zwischen profaner, gerichtlicher, magischer und ritueller Menschenfresserei unterschied. Im Handbuch zur Ur- und Frühgeschichte Europas von Jan Filip aus dem Jahr 1966 findet sich dagegen die Einteilung in rituellen, mystischen, pathologischen und der Ernährung dienenden Kannibalismus, der ganz allgemein als eine Gewohnheit bezeichnet wird, Menschenfleisch und Menscheneingeweide zu essen; die Aufnahme verbrannter Knochen toter Angehöriger scheidet hier offenbar als kannibalische Handlung aus. Hinzu kommen in der neueren ethnologischen Forschung Theorien über die psychologische, kulturelle oder soziale Bedeutung des Kannibalismus sowie über Menschenfresserei als Ernährungsstrategie einer Gesellschaft, durch die im Fall des Fehlens großer Säugetiere angeblich die Eiweißversorgung gewährleistet wird.

Sowohl in der ethnologischen als auch in der prähistorischen Forschung existieren also vielfältige Ansichten darüber, was Kannibalismus ist und aus welchen Gründen er ausgeübt wurde oder immer noch wird. Eine Definition allgemeingültiger Natur scheint kaum möglich, da es „den Kannibalismus“ als Einheit nicht gibt, sondern Handlungen, Symbole und gedankliche Konstruktionen verschiedener Art bekannt sind, die sich mit dem menschlichen Körper auseinandersetzen.

Unstrittig ist lediglich die Herkunft des Begriffes: Als Christoph Kolumbus 1492 den Seeweg nach Indien suchte, tatsächlich aber auf bisher unbekannte Inseln, nämlich die Bahamas und die Großen Antillen vor der Küste Amerikas stieß, erfuhr er von deren Bewohnern, den Arawak oder Taino, daß ihre Nachbarn Menschenfresser seien. Diese Kariben – Caniben – Camballi – Cannibalen wurden zu Namensgebern für die Menschenfresser der Neuzeit, und bereits um die Mitte des 16. Jahrhunderts hatte sich der Begriff „Cannibal“ mit dieser Bedeutung in Europa eingebürgert. Die für Menschenfresser

Abb. 1: Zacharias Wagner: „Molber Tapuya“ (Aquarell 1634–1637)

seit der Antike verwendete Bezeichnung Anthropophage, ein aus dem Griechischen stammendes Wort, das aus *anthropos* (Mensch) und *phagein* (essen) zusammengesetzt ist, blieb auch weiterhin in Gebrauch; Anthropophagie und Kannibalismus sind die Synonyme für Menschenfresserei. Kannibalismus dient zudem im übertragenen Sinn der Beschreibung des Verzehrs von Artgenossen im Tierreich.

Wie andere Kontinente auch wurde Amerika seit Beginn seiner Erforschung auf Kartenwerken und bildlichen Darstellungen durch eine Frau repräsentiert, und zwar nicht etwa durch eine Vertreterin der Hochkulturen der Azteken oder Inka, sondern durch die nackte Kannibalin, beispielsweise auf dem berühmten Aquarell *Molber Tapuya* von Zacharias Wagner aus dem 17. Jahrhundert. Es zeigt eine Indianerin, die mit menschlichen Gliedmaßen posiert. Das seit Kolumbus populäre Kannibalen-Bild von den Kariben wurde mit wenigen Ausnahmen auf sämtliche Einwohner Amerikas übertragen.

Weder Kolumbus noch andere Augenzeugen konnten jedoch die Kariben bei ihren Menschenfleischmahlzeiten beobachten – und genau dies ist die Frage, die die historischen Quellen zu beantworten haben: Gibt es unter den zahlreichen „Kannibalismus-Zeugen" glaubhafte Augenzeugen kannibalischer Handlungen? Oder wußten die Zeugen bereits vor ihrer Begegnung mit den vermeintlichen Menschenfressern, mit wem sie es zu tun bekommen würden und interpretierten nur das, was sie sahen, wie zum Beispiel menschliche Schädel in Hütten, entsprechend ihren Vorurteilen?

Dieser Frage wird in Kapitel III nachgegangen, das die Quellen der Neuzeit behandelt. Wie detailliert die Vorstellungen von Menschenfressern und deren Verhalten bereits vor Beginn der Neuzeit waren, zeigt Kapitel II, in dem sowohl die ethnographischen Zeugnisse wie auch die Kannibalismus-Phantasien über Fremde in der Nähe, nämlich Verschwörer, Ketzer, Juden und „Hexen" dargestellt werden; neben den mythologischen und religiösen Elementen sowie solchen aus dem volkskundlichen Bereich des Aberglaubens, die ebenfalls interessante Hinweise auf die europäische Gedankenwelt liefern, sind diese die Grundlage für die Reisenden der Neuzeit, unbekannte Welten zu erfassen und zu verarbeiten. Denn der Reisende bricht nicht als „unbeschriebenes Blatt" in die Ferne auf, sondern trägt seine eigene Kultur mit sich, seine ethnozentrische Weltsicht, die seine Sicht der „Anderen" bestimmt.

Dies gilt ebenso für die Reisenden in die Vergangenheit, insbesondere die Archäologen. Sie sind zur Interpretation ihrer Funde, zur Rekonstruktion der materiellen und speziell der geistigen Welt der Menschen der Urzeit auf Vergleiche angewiesen, auf Analogien, denn Funde sprechen nicht, sie müssen zum Sprechen gebracht werden. Dies geschieht mit Hilfe anderer Wissenschaften wie der Ethnologie, Soziologie, Geschichte und Volkskunde, aber auch und nicht zuletzt mit Hilfe der eigenen Kultur, die häufig die Grundlage für Beschreibungen urgeschichtlicher Verhältnisse bildet. So wird beispielsweise aus der Vielfalt an unterschiedlichen Bestattungssitten, die aus der ethnologischen Forschung bekannt sind, im allgemeinen nur das herausgegriffen, was dem Verständnis der modernen westlichen Welt vom Umgang mit Verstorbenen entgegenkommt – Funde, die diesem Bild nicht entsprechen, müssen demnach eine andere Deutung erfahren, vorzugsweise eine solche als kannibalische Überreste.

Bestandteil der Urgeschichtsforschung ist eben seit ihren Anfängen Mitte des 19. Jahrhunderts der Gedanke, daß unsere Vorfahren Kannibalen gewesen sein müssen, eine Vorstellung, die selten hinterfragt wurde und um deren Nachweis man sich nur am Rand zu kümmern brauchte, hatte man doch zahlreiche Berichte von der Antike bis in die Neuzeit, die auch die Existenz von prähistorischen Kannibalen nahelegten. Ob deren Existenz in urgeschichtlicher Zeit nachgewiesen oder überhaupt nachweisbar ist, wird Thema des ersten Kapitels sein.

Wie oben bereits erwähnt wurde, finden sich unterschiedliche Meinungen zu Formen und Motiven der Menschenfresserei. Genau genommen ließe sich jede Handlung als kannibalisch einordnen, bei der Substanz eines menschlichen Körpers bewußt oder unbewußt in Mund beziehungsweise Magen eines anderen Menschen gelangt (oder in den eigenen, was als Autokannibalismus bezeichnet wird). So betrachtet, ist jeder von Geburt an Kannibale – denn auch das Stillen gehört in diesen Bereich. Verbunden ist der Begriff Kannibalismus jedoch vor allem mit der Vorstellung des Fleischessens, mit dem Verzehr eines menschlichen Körpers oder größerer Teile von ihm, und diese Definition bildet auch die Grundlage für die folgenden Ausführungen. Zugleich handelt es sich dabei um die einzige Form der Menschenfresserei, die archäologisch feststellbare Überreste, nämlich Knochen, hinterlassen könnte.

Alle anderen Formen, so etwa die Aufnahme von Knochenasche oder von zerkleinerter Knochensubstanz, das Verzehren eines Auges, das Trinken von oder Beschmieren mit Blut, die Einverleibung kleiner Partikel von Haut, Fleisch oder Knochenmark, werden als symbolische Handlungen bezeichnet. Folgt man manchen Reiseberichten, dienten sie zwar der Identifizierung von Kannibalenvölkern, nur Europa wurde davon ausgenommen, obwohl auch hier Derartiges zu beobachten war.

Eine heute in der Forschung anerkannte grundlegende Unterscheidung anthropophager Handlungen ist die Trennung in Exo- und Endokannibalismus. Das Verspeisen von Fremden und Feinden wird unter dem Begriff Exokannibalismus zusammengefaßt, das von Verwandten oder Gruppenangehörigen als Endokannibalismus bezeichnet.

Nicht in diesen Bereich gehören der Kannibalismus von Einzelpersonen wie etwa Serienmördern, der auf pathologische Ursachen zurückzuführen ist, und der Kannibalismus in Notsituationen, beispielsweise während einer Belagerung, einer Hungersnot oder nach einem Schiffbruch. Erinnert sei hier an die Passagiere eines uruguayischen Flugzeugs, das 1972 in den Anden abstürzte; 16 Personen überlebten, weil sie Teile der beim Absturz Umgekommenen aßen.

Im folgenden soll uns jedoch nicht die Ausnahme, sondern die gewohnheitsmäßige Menschenfresserei, der gesellschaftlich akzeptierte Kannibalismus als Sitte unserer Vorfahren und fremder Völker beschäftigen.

I. Urgeschichte – Die Illusion der Fakten

Vorurteilslose Wissenschaft? Funde, Fakten, Deutungen

Als dem Lehrer Johann Carl Fuhlrott 1856 die kurz zuvor in einer Höhle im Neandertal bei Düsseldorf geborgenen merkwürdigen menschlichen Überreste in die Hände gelangten, steckte die Ur- und Frühgeschichte noch in den Kinderschuhen. Daß es sich nicht um ein Höhlenbärenskelett, wie von den Arbeitern, die die Knochen geborgen hatten, vermutet, sondern um menschliche Knochen bisher unbekannter Art handelte, sah er sofort. Die Klassifizierung dieses Skeletts als Neandertaler und Vorfahre des heutigen Menschen dauerte erheblich länger und war von heftigen Auseinandersetzungen begleitet, plädierte doch beispielsweise der berühmte Berliner Gelehrte Rudolf Virchow dafür, daß es sich um einen modernen Menschen mit pathologisch bedingten Knochenverformungen handelte. Doch bereits 1870 bemerkte der Prähistoriker Schaaffhausen bezüglich der Knochenfunde, über deren Lage in der Höhle nichts bekannt war, *„dass dieselben ein unerwartetes Licht auf die Nachrichten der alten Schriftsteller über die früheren Bewohner des alten Europa werfen, die meist als Cannibalen geschildert werden, und dass sie uns den geschichtlichen Hintergrund der noch im Volke lebenden Sagen und Märchen vom Menschenfresser erkennen lassen.“* Ferner müsse man die Lebensweise des Urmenschen aus den Zuständen der heutigen Wilden erklären.[1] Das Wissen um den Neandertaler ist zwar heute dank der zahlreichen neuen Funde sehr viel detaillierter; als Menschenfresser wird er gleichwohl von vielen Forschern nach wie vor gesehen.

Vermeintliche Kannibalen finden wir jedoch nicht nur in der älteren Steinzeit, sondern in allen Perioden der Urgeschichte bis hin zu den Kelten. Noch 1991 wurde der Fund eines Säuglingsskeletts ohne Arm- und Beinknochen aus dieser Epoche entsprechend interpretiert. Der Autor sprach von zivilisatorischer Diskrepanz zu den Griechen und einem ungewöhnlichen Vorgang sogar im düsteren Leben oberfränkischer Kelten.[2] Die bloße Tatsache des Fehlens von Armen und Beinen, für die es viele Gründe geben kann, soll deren Verzehr beweisen, angeblich ein reiner Genußkannibalismus. Die plausiblere Möglichkeit, daß es sich um Überreste einer regulären Bestattung in der Siedlung handelt, wurde gar nicht erst in Erwägung gezogen.

Die Beschreibungen vermeintlicher urgeschichtlicher Kannibalen basieren auf Informationen aus antiken und neuzeitlichen (Reise-)Berichten und sind, je nach Zeitgeist und Einstellung des Verfassers, mehr oder weniger abwertend, häufig sehr plastisch und selten ausreichend begründet. Oft unabhängig von den tatsächlichen Gegebenheiten, das heißt der Auffindungssituation der menschlichen Überreste, die als Kannibalenmahlzeit eingeordnet werden, ersetzt eine rege Phantasie die genaue Beschreibung von Fundumständen und deren Auswertung. Allein das Auftreten von Menschenknochen außerhalb von ordentlichen Gräbern, wie etwa in Siedlungen und Höhlen, scheint ihre Deutung als Mahlzeitreste zu rechtfertigen und das Nachdenken über andere Erklärungsmöglichkeiten zu erübrigen.

Im 19. Jahrhundert freilich war diese Vorgehensweise legitim; man interessierte sich weniger für die Fundumstände, das heißt den Befund, als für die Funde selbst, die ohne Scheu den aus Schriftquellen bekannten Völkern, wie etwa den Germanen, zugeordnet wurden. Besonderes Vergnügen bereitete es beispielsweise, sich am Wochenende nicht zum „Spargel-“, sondern zum „Urnenstechen“ zu treffen. Man fuhr gemeinsam zu einem bekannten urgeschichtlichen Friedhof, picknickte dort, grub mit Schaufel oder Spaten ein paar Urnengräber aus und ergänzte seine Sammlung von Altertümern mit einigen prähistorischen Gefäßen. Von Ausgrabungen im heutigen Sinn konnte zu dieser Zeit oft noch keine Rede sein. Spätestens seit der „Entdeckung des Pfostenlochs“ durch Carl Schuchhardt um die Jahrhundertwende kannte man jedoch die Bedeutung des Befundes. Schuchhardt stellte fest, daß sich ehemalige Holzpfosten und die zugehörigen Pfostengruben, auch wenn das Holz nicht mehr vorhanden ist, noch als Verfärbungen im Boden abzeichnen, ebenso wie andere menschliche Eingriffe. Mit dieser Erkenntnis war die moderne Archäologie geboren, und es eröffneten sich viel umfassendere Möglichkeiten der Rekonstruktion urgeschichtlicher Lebenswelten als zuvor, wo man im wesentlichen auf die Funde angewiesen war. So konnte zum Beispiel bei Urnengräbern durch sorgfältige Ausgrabungen festgestellt werden, daß die Toten noch nach der Bestattung mit Nahrung „versorgt" worden waren. Heute gehört es zum Grundwissen des Archäologen, daß jeder Bodeneingriff Spuren hinterläßt, denen mit detektivischem Spürsinn nachgegangen wird. Die Basis für die Interpretation von Funden bildet das genaue Wissen um die Fundumstände.

Die „objektiven" Erkenntnismöglichkeiten sind jedoch aufgrund der Natur der archäologischen Quellen eng begrenzt. Aussagen über die gesellschaftliche Organisation der urgeschichtlichen Menschen, ihre religiösen Einstellungen und die damit verbundenen Handlungen können nur auf einer rein spekulativen Ebene erfolgen. Sie basieren auf Indizien und dem Vergleich mit bekannten Verhaltensweisen der Neuzeit. Der Archäologe ist dabei, wie jeder andere Wissenschaftler auch, der Vorstellungswelt seiner eigenen Zeit und meist besonders der seiner eigenen Kultur verhaftet. Kannibalismus, Opfer und pietätlose Bestattung sind derartige spekulative Deutungsmuster, die weniger auf Fakten gründen als auf Indizien oder auch lediglich auf Meinungen und Vorurteilen. Sie bilden jedoch einen solch integralen Bestandteil der archäologischen Forschungstradition, daß sie oft den Rang von Fakten einnehmen, mithin die Beschreibung von Fundumständen und ihre Deutung ineinanderfließen und kaum noch trennbar sind. Häufig werden eben nicht verschiedene Interpretationsmöglichkeiten diskutiert, um sich dann für die am besten belegte zu entscheiden, sondern die Deutung steht von vornherein fest:

Werden die Überreste eines Menschen nicht auf einem Friedhof, sondern im Bereich einer Siedlung gefunden, widerstrebt es manchem Wissenschaftler, solch einen Befund Grab zu nennen; er spricht lieber von Opfer oder sogar von Kannibalismus, selbst dann, wenn es sich um ein nahezu vollständiges Skelett handelt. So wurde beispielsweise auf der „Altenburg“ bei Nebra in Sachsen-Anhalt in einer Grube das Skelett eines Erwachsenen gefunden, dem die unteren Teile der Arme und Beine fehlten, und dessen Schädel auf dem rechten Oberschenkel lag. Aufgrund dieser Tatsachen nahm der Ausgräber an, daß der Leichnam aus kultischen Gründen ausgeweidet, gebraten und verzehrt worden sei, bevor er in die Grube gelegt wurde.[3] Wie soll man sich nun aber vorstellen, daß ein Mensch erst gebraten, dann gegessen und daraufhin als vollständiges Skelett bestattet wird?

Der Befund selbst spricht eine andere Sprache, denn er zeigt, daß die Grube einige Zeit nach der Bestattung noch einmal geöffnet worden ist. Bei dieser Gelegenheit wurden der Schädel verschoben und einige Knochen entnommen. Den Grund dafür kann man nur vermuten; vielleicht handelte es sich um einen sogenannten Wiedergänger, der die Hinterbliebenen „belästigte“ und deshalb „bewegungsunfähig“ gemacht werden sollte, vielleicht wollten die Trauernden aber auch einige Knochen als Andenken an den Toten aufbewahren.

Unter einer normalen Bestattung verstehen Archäologen gewöhnlich eine Niederlegung, die unseren Vorstellungen von Pietät im Umgang mit Toten entspricht. Es kann sich dabei um Körper- und Brand-, Einzel- und Mehrfachbestattungen, Flach- und Hügelgräber außerhalb von Siedlungen handeln. Oft finden sich Beigaben in Form von Gefäßen, Nahrung, Trachtbestandteilen, Geräten oder Waffen. Es wird im allgemeinen davon ausgegangen, daß jede Kultur eine ihr eigene Bestattungsform hatte, und daß die Beisetzung mehr oder weniger kurze Zeit nach dem Tod eine vollständige Leiche bzw. deren Brandreste umfaßte. Sobald Befunde existieren, die unter diesen Bedingungen als Grab identifizierbar sind, gelten sie als Repräsentanten der normalen Bestattungsweise, ungeachtet der Tatsache, daß in vielen Kulturen die Anzahl solcher Gräber zu gering ist, um die Regel darstellen zu können, und unter Mißachtung anderer Zusammenhänge, in denen menschliche Skelettreste regelhaft auftreten, zum Beispiel in Höhlen. Befunde, die den genannten Kriterien für „Grab" nicht entsprechen, werden häufig mit Begriffen wie „nichtrituell" und „pietätlos" belegt, allenfalls als Sonderbestattungen bezeichnet oder gleich als Opfer oder Mahlzeitreste gedeutet – derartige Zuweisungen lassen sich jedoch nicht vorab, sondern eventuell anhand von Indizien nach Überprüfung aller bekannten Befundzusammenhänge vornehmen. Da der einzige Grund für eine solche Einordnung oft nur in der Abweichung von der vermeintlich normalen Bestattungssitte liegt, beißt sich hier sozusagen die Katze in den Schwanz, die Argumentation basiert auf einem Zirkelschluß.

Dabei sind aus ethnologischen Untersuchungen vielfältige Formen des Umgangs mit Verstorbenen bekannt, die auch innerhalb einer Gemeinschaft variieren können. Unterschieden werden sollte zunächst einmal zwischen den Begriffen Bestattung und Totenritual. Zu diesem gehören alle Handlungen und Verhaltensweisen einer Gesellschaft, die in direktem Zusammenhang mit dem Tod eines ihrer Mitglieder stehen; der Tote wird als Einheit von Körper, Seele und sozialem Phänomen begriffen. Bestattung dagegen bezieht sich nur auf den Umgang mit der Leiche. Beide müssen schon deshalb nicht identisch sein, weil mehrere Bestattungsformen im Totenritual einer Gruppe vereint sein können.[4]

Archäologen vergessen zuweilen, daß in der ausschnitthaften materiellen Überlieferung, die ihnen zur Verfügung steht, nur der geringste Teil umfangreicher Handlungen dokumentiert ist. Dies sind vor allem Handlungen, die weniger den Toten als die Hinterbliebenen betreffen, denn jeder Todesfall ist als eine Störung des sozialen Gleichgewichts, der Integrität einer Gemeinschaft zu sehen und erfordert Maßnahmen zu deren Wiederherstellung wie auch zur Eingliederung des Verstorbenen in das Jenseits. Sie sind im einzelnen verschieden, folgen jedoch grundsätzlich dem maßgeblich von dem Ethnologen Arnold van Gennep 1909 herausgearbeiteten Schema der Übergangsriten oder *rites de passage*, denen die Vorstellung einer Grenzüberschreitung zugrunde liegt. Der Wechsel von dem einen in einen anderen Seinszustand wird symbolisch in Analogie zu Sterben und Geborenwerden zum Ausdruck gebracht. Alle Übergänge wie Geburt, Initiation, Heirat, Bestattung und Opfer sind als Grenzüberschreitungen aufzufassen – Tod in der alten Welt, Schwebezustand zwischen den Welten und Wiedergeburt in der neuen Welt.

Über zwei- oder mehrstufige Bestattungsriten lassen sich allgemeine Aussagen zu deren Ablauf und Funktion machen, die auch für die Bewertung archäologischer Befunde von Bedeutung sind: Mit dem physischen Tod beginnt eine Zeit der Unreinheit. Das heißt, daß in einer ersten Phase die als unrein und gefährlich geltende Leiche durch eine vorläufige Bestattung räumlich isoliert und dem Verfall preisgegeben wird, während sich die Seele noch in einem instabilen Zustand zwischen den Welten der Lebenden und der Vorfahren befindet. Auch die Hinterbliebenen gelten als unrein und werden räumlich oder optisch isoliert, beispielsweise durch eine spezielle Trauerkleidung. Wenn die Knochen vom Fleisch befreit sind, können sie in einer zweiten Phase an ihren endgültigen Bestattungsort gebracht werden; der Seele wird damit ermöglicht, in die Welt der Toten einzugehen und eine schützende Funktion zu übernehmen, die Hinterbliebenen kehren in die Gesellschaft zurück, und ihre Trauerpflicht wird aufgehoben. Einige Knochen können auch – zum Beispiel als Repräsentanten der Ahnen – am Wohnort verbleiben oder zu späterer Zeit nochmals umgebettet werden.

Die hier beschriebenen Phasen sind im übertragenen Sinn auch für Gesellschaften ohne zweistufige Bestattung gültig, die im übrigen recht weit verbreitet ist. Erinnert sei beispielsweise an die aus Griechenland bekannte Sitte, die Gräber nach einer gewissen Zeit zu öffnen, die Knochen zu reinigen, in Tücher einzuschlagen und wieder zu bestatten, ferner an die etwa aus Bayern bekannten Karner oder Seelenkapellen, in denen sich gestapelte Langknochen und kunstvoll bemalte Schädel finden. Wie immer die Beisetzung erfolgt, ein-, zwei- oder auch dreistufig – archäologisch faßbar ist gewöhnlich nur die endgültige

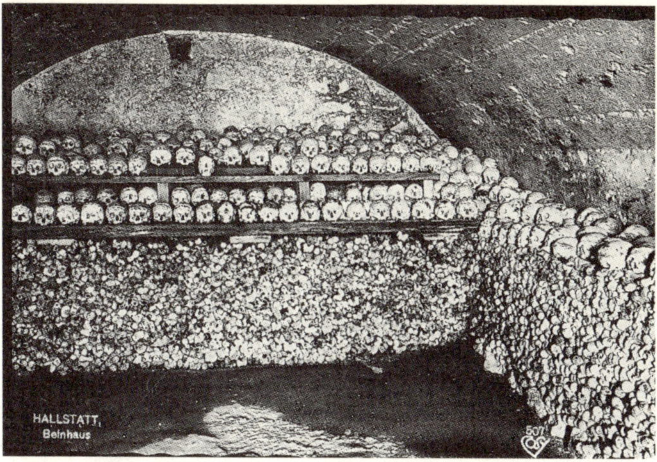

Abb. 2: Hallstatt (Österreich): Schädel und Langknochen finden ihre letzte Ruhestätte im Beinhaus

Deponierungsform der Leiche oder der Brandreste. Zeitliche, räumliche sowie inhaltliche Aspekte bleiben weitgehend verborgen, und es kommt hinzu, daß sich mehrstufige Bestattungen oder ihre Zwischenphasen im archäologischen Befund weniger eindeutig abzeichnen als einstufige.

Wie schwer die Verhältnisse im einzelnen zu erschließen sein können, zeigt das Beispiel der Mambai auf Timor (Ostindonesien),[5] die ihre Toten nach einiger Zeit der Aufbahrung in eine Matte einrollen und auf dem Tanzplatz im Zentrum des Dorfes begraben. Bei der Aushebung von Grabgruben gelangen häufig die Knochen älterer Bestattungen an die Oberfläche, denen jedoch keine besondere Aufmerksamkeit geschenkt wird. Dies ist kein Zeichen der Gleichgültigkeit gegenüber den Verstorbenen, sondern nur ein Zeichen dafür, daß ihren materiellen Überresten keine besondere Rolle zukommt. Das Fest für die Toten, mit dem sie an ihren endgültigen Aufenthaltsort geschickt werden, findet in unregelmäßigen Abständen für all jene statt, die seit dem letzten Fest gestorben sind. Es ist eine symbolische Wiederholung des Todes und der Bestattung, die

Verstorbenen sind durch ihre im Kulthaus aufbewahrten Betelnußbeutel repräsentiert. Diese werden auf dem Tanzplatz bestattet, und den Toten werden Opfer dargebracht. Archäologisch feststellbar wären vermutlich einige Skelette und viele mehr oder weniger zusammenhanglos aufgefundene Knochen in der Siedlungsschicht oder in Gruben, die Fehlinterpretationen wie „Sonderbestattung", „pietätlosen Umgang" mit Verstorbenen und „Überreste kannibalischer Festmähler" nach sich ziehen würden. Das Beispiel gibt auch in anderer Hinsicht zu denken: Der vermeintliche Nachweis kannibalischer Handlungen erfolgt oft mit der Begründung, die menschlichen Knochen hätten im Abfall gelegen. Daß die mit archäologischen Methoden als Abfall definierten oder definierbaren Funde nicht unbedingt „Müll"[6] darstellen müssen, zeigt sich hier deutlich.

Der Begriff der zweistufigen Bestattung wird in der archäologischen Literatur zwar gelegentlich verwendet, zumeist aber werden Befunde, die dafür in Frage kommen könnten, als Hinweise auf Opfer und Kannibalismus gedeutet. Aus der Ilsenhöhle bei Ranis in Thüringen stammen Teile von menschlichen Schädeln und Bruchstücke von Langknochen; einige zeigen Oxydspuren, die belegen, daß sie eine geraume Zeit mit Bronze, zum Beispiel mit Schmuck, in Berührung waren. Dies weist darauf hin, daß die Toten, deren Überreste hier gefunden wurden, zunächst an einem anderen Ort bestattet gewesen sein müssen, so daß Bronzepartikel in den Knochen eindringen und ihn verfärben konnten; in der Höhle waren offenbar weder Schmuck- noch sonstige Bronzegegenstände vorhanden, die für diesen Zustand verantwortlich zu machen wären. Da sich an einigen Knochen auch Schnittspuren fanden, wurde prompt angenommen, man hätte es mit Menschenfresserei zu tun.[7] Könnte dies nicht aber auch bedeuten, daß man die Knochen gereinigt hat, bevor sie endgültig in der Höhle bestattet wurden?

Grundsätzlich können bis zur völligen Skelettierung eines Leichnams, je nach den Bodenverhältnissen, bis zu 15 Jahre vergehen. Der Prozeß ist durch Aussetzung oder durch die

Beteiligung von Tieren wie Hunden, Vögeln und Ameisen zu beschleunigen. Die Entfleischung kann aber auch künstlich erfolgen, etwa durch Kochen oder Abbrennen. Hier sei das Beispiel Ludwigs IV. von Thüringen genannt, der 1227 in Süditalien starb, zunächst in Otranto bestattet, dann aber von seinen Gefolgsleuten nach ihrer Rückkehr vom Kreuzzug wieder ausgegraben, zerlegt und gekocht wurde, um seine Knochen in die Heimat zu überführen, eine zu dieser Zeit nicht seltene, wenn auch von Papst Bonifaz VIII. 1299 verurteilte Praxis. Auch der im Sommer 1311 verstorbene Heinrich VII. konnte nicht als ganze Leiche an seinen Bestattungsort überführt werden – seine Getreuen sahen sich gezwungen, das in der Sommerhitze schnell verwesende Fleisch abzubrennen, und dies 13 Jahre nach der päpstlichen Kritik. Tatsächlich fand sich 1921 im Grabmal des Kaisers zu Pisa eine Urne mit teilweise verkohlten Schenkelknochen und Rückenwirbeln.[8]

Bei der Exhumierung einer nicht völlig skelettierten Leiche kann, je nach Verwesungsstadium, die Säuberung von noch anhaftenden Fleischresten und das Entfernen der Sehnen erforderlich sein. Zu erwarten sind dann Schnittspuren an den Knochen, eventuell auch Brand- und Schabspuren, ferner möglicherweise Schlag- und Hackspuren, wenn erst eine Zerlegung erfolgen muß. Brandspuren können auch auf einen Bestattungsritus deuten, bei dem die Verbrennung der Knochen nicht beabsichtigt war, sondern nur eine symbolische Reinigung durch Feuer vorgenommen wurde. Mit der Zubereitung von Nahrung haben sie jedenfalls kaum etwas zu tun, denn solange ein Knochen mit Fleisch bedeckt ist, verbrennt er nicht ...

All die eben aufgeführten Spuren an menschlichen Knochen gelten in der archäologischen und anthropologischen Literatur im allgemeinen als sichere Hinweise auf Kannibalismus.[9] Tatsächlich bieten sich vielfältige Interpretationsmöglichkeiten an; sie erfordern es jedoch, Vorstellungen in Betracht zu ziehen, die Vertretern der modernen westlichen Kultur fremd erscheinen und auch weniger bekannt sind als das Kannibalismus-Modell, das sich leicht anwenden läßt und geradezu als populär bezeichnet werden muß.

Zur Bestimmung von Spuren ist eine anthropologische Untersuchung erforderlich, die in vielen Fällen unterblieb, in denen von zerschlagenen oder angebrannten Knochen und ähnlichem die Rede ist. Für einen Laien wie den Prähistoriker dürfte es bei Knochenbruchstücken kaum möglich sein, natürliche Ursachen von künstlichen Einwirkungen zu unterscheiden, die für den Zustand der Knochen verantwortlich zu machen wären, und er kann auch nicht beurteilen, zu welchem Zeitpunkt eine Einwirkung erfolgt ist, ob am „lebenden" Knochen (also vor oder kurz nach dem Tod) oder am „trockenen" Knochen (lange nach dem Tod). Selbst der Anthropologe ist nicht immer in der Lage, zu sicheren Aussagen zu gelangen, da verschiedene Ursachen zu ähnlichen Spuren führen können. Hinzu kommt das nicht selten auftretende Problem, daß eine bereits vor Beginn der Untersuchung bestehende Deutung deren Ergebnisse in erheblichem Maß beeinflußt. Jedoch ist auch der Nachweis von Schnitt- oder Hackspuren kein Beleg für Kannibalismus, sondern allenfalls ein Indiz.

Andere gerne angeführte Indizien sprechen eher gegen eine solche Interpretation. Bei einem Schädel, dessen Basis absichtlich erweitert wurde, um das Gehirn zu entfernen, geschah dies aus Gründen der Erhaltung des Schädels, der zur Aufbewahrung von Weichteilen befreit werden muß. Ob das Gehirn auch gegessen wurde, bleibt ein dem Geschmack des Betrachters überlassener Zusatz. Tierschädel zerschlug man jedenfalls meist einfach in Längs- oder Querrichtung, um das Gehirn zum Verzehr entnehmen zu können. Für menschliche Überreste wird zwar häufig eine den Tierknochen entsprechende Behandlung postuliert, in den Veröffentlichungen erscheinen aber gewöhnlich weder die eben genannten Überlegungen, noch wird ein tatsächlicher Vergleich hinsichtlich Schlachtspuren, Zerlegungsmustern, der Verteilung von Skelettelementen usw. vorgenommen. Und die meines Erachtens einzig überzeugenden Beweise für Kannibalismus, menschliche Zahnspuren an menschlichen Knochen, fanden sich bisher nicht, sind allerdings aufgrund des Eßverhaltens auch kaum zu erwarten.

Das 19. Jahrhundert, in dessen zweiter Hälfte sich die Urgeschichte allmählich als eigenständiges Fach etablierte, war eine Zeit, in der umfassende Theorien zur Entwicklung des Menschen, seiner Sitten und „Unsitten" entworfen und heftig diskutiert wurden. Ausgehend von fremden Völkern und ihren Gebräuchen teilte man diese ein, bewertete sie, stellte sich selbst an die Spitze der Entwicklung und sprach von unterschiedlichen Kulturstufen wie denen der Wildheit, der Barbarei und der Zivilisation. Den Urmenschen verglich man mit dem „Wilden", und die Prähistoriker diskutierten, kaum beschwert von Funden und Befunden, geschweige denn von deren Analyse, unbefangen mit. Stimmen wie die von Rudolf Virchow, der Beobachtung forderte, wo Schlüsse spekulativer Art als sichere Fakten ausgegeben wurden,[10] fanden nur wenig Gehör.

Kannibalismus wie auch Menschenopfer prägten das Bild, das man sich von den „Wilden" und ihren Sitten erschuf. Mußte man bei denjenigen, die näher bekannt wurden, auch häufig feststellen, daß weder der eine noch der andere Brauch zu beobachten waren, so nahm man doch an, daß deren Abschaffung erst kürzlich erfolgt war, meist unter dem „zivilisierenden" europäischen Einfluß.

Nicht alle wollten sich der Vorstellung von Menschenfressern als den eigenen direkten Vorfahren anschließen. Zuweilen wurde daher argumentiert, daß sie andersrassig gewesen und eher mit heutigen „Primitiven" zu vergleichen seien als mit den modernen Bewohnern Europas. Die Beschreibung dieser *„Kannibalen im wahren Sinne des Wortes,- reine Feinschmecker"* klingt dann so: *„Es war eine Rasse von kleinem Wuchs (...) ziemlich von der Statur der Lappen und Eskimos. Der Schädel hatte nur einen geringen Umfang (...) mit fliehender Stirn, abgeplatteten Schläfen, breiten Nasenlöchern, vorstehenden Kinnbacken, schiefen Zähnen. Dies sind die Hauptcharaktere, – übereinstimmender (...) mit denen der Neger und Indianer Amerika's als mit denen irgendeiner Rasse, die in der geschicht-*

lichen Zeit Europa bewohnt hat.“ Die Einwanderung der „Arier“, so die Fortsetzung dieser Phantasie, beendete die Herrschaft der beschriebenen kleinen, häßlichen und wilden Rasse, die nur noch in der Volkslegende fortlebe.[11]

Vernünftige Einwände wie der Hinweis, daß Knochen auch aus anderen als „kulinarischen“ Gründen zerbrochen sein mochten, gingen einher mit moralischer Empörung: *„Unserer Väter wettergesprungene, lange Röhrenknochen aus den grossen Steinkammern wurden alsdann bei all ihrer Unschuld zu Verräthern einer schändlichen Menschenfresserei (Cannibalismus) gestempelt, deren diese Vorzeitmenschen sich schuldig gemacht haben sollen.“*[12] Nicht nur Steinkammern, also Großsteingräber, sondern auch Urnen, die ganz gewöhnliche Brandbestattungen enthielten, standen in Verdacht, der Beseitigung kannibalischer Opfer gedient zu haben.[13]

Befürworter wie Gegner des prähistorischen Kannibalismus führten eher evolutionistische Modelle und moralische Erwägungen ins Feld als Argumente, die auf sorgfältigen Ausgrabungen und deren Auswertung basierten. Angesichts der Fülle an ethnographischen Berichten über Menschenfresser sowie Sagen, Märchen und antiken Überlieferungen konnten sich die Gegner nicht durchsetzen. Zerstreute menschliche Skelettreste und einzelne Knochen, insbesondere aus Höhlen, dienten als Beleg für Anthropophagie – ungeachtet der Fundumstände und gewöhnlich mit der lapidaren Begründung, daß es sich nicht um eine Bestattung handeln könne oder eine den Tierknochen entsprechende Behandlung vorliege.

Spezifische Überlegungen zur Nachweisbarkeit erschienen überflüssig, auch wenn man sich, wie Richard Andree 1887 betonte, durchaus bewußt war, daß andere Deutungsmöglichkeiten denkbar sind. Man verharrte bei der Analogie, die zwischen den urgeschichtlichen Völkern und den zeitgenössischen, angeblich der Anthropophagie ergebenen Naturvölkern bestehe – eine *„schlagende“* Analogie, so meinte Andree, die nicht mehr besonders hervorgehoben zu werden brauche und besser als jeder Befund die Wahrscheinlichkeit der Existenz von Kannibalen belege. Einmal von diesem Gedanken angeregt, *„begannen die Forscher, eifrig nach neuen Belegen zu suchen und die aufgefundenen Menschenknochen unter dem Gesichtspunkte der Anthropophagie zu betrachten.“*[14] Dies ist bis heute so geblieben, obwohl man sich kaum noch über den Ursprung, die „Analogie-Methode“, Rechenschaft ablegt, sondern inzwischen meint, einen objektiven Nachweis aus Funden und Befunden herleiten zu können. Dabei wird übersehen, daß andere Möglichkeiten nie ernsthaft in Erwägung gezogen worden sind, und die Argumentation sich noch immer im Schema des 19. Jahrhunderts bewegt; dies gilt sowohl für die befundkritische Erörterung als auch für die Bewertung des Phänomens Kannibalismus.

Menschenfresserei diente seit der Antike zur Abgrenzung gegenüber dem Fremden, zur Definition des „Wilden“, „Primitiven“, „Barbarischen“ und gleichzeitig zur Hervorhebung der eigenen kulturellen Position. Auf der anderen Seite standen die Verfechter eines „Goldenen Zeitalters“, die ihren Mitbürgern den Spiegel vorhielten und die Welt degenerieren sahen. So verteidigte bereits der antike Stoiker Diogenes Laertios am Ende des 3. Jahrhunderts den Inzest und die Anthropophagie als nicht wider die Natur, wie das Beispiel der Barbaren beweise; sein Versuch, rohes Fleisch zu essen – auch dies angeblich charakteristisch für „Barbaren“ – endete mit Verdauungsstörungen.[15] Michel de Montaigne stellte im späten 16. Jahrhundert in seinem berühmten Essay *Des Cannibales* dem Kannibalismus der Wilden die pervertierten Gebräuche seiner eigenen Gesellschaft gegenüber; er kam zu dem Schluß, daß deren Kannibalismus im Vergleich mit den heimischen Sitten das relativ kleinere Übel sei, da es *„eine schlimmere Barbarei ist, einen Menschen lebendig zu fressen, einen noch von Gefühlen belebten Körper mit Folter und Qualen zu zerreißen, ihn bei langsamem Feuer zu rösten, ihn von Hunden und Schweinen zerbeißen und zerfleischen zu lassen (...) als ihn zu braten und zu verspeisen, wenn er bereits verendet ist.“*[16]

In vielen Abhandlungen und Berichten zeigen sich Abscheu und Ekel vor kannibalischen Praktiken, zugleich aber auch ein geradezu morbides Vergnügen, diese aufzuzählen und darzu-

Abb. 3: E. Lopez: Regnum Congo (1598). Als Vorbild diente ein Frankfurter Fleischerladen

stellen. Der Phantasie der Reisenden waren dabei offenbar kaum Grenzen gesetzt: Geschichten über Märkte, auf denen angeblich Menschenfleisch feilgeboten wurde, und Erzählungen über „Wilde“, die Fleisch von bereits verfaulten, mit Maden durchsetzten Leichen bevorzugten oder sich ihre eigenen Menschenfleischvorräte züchteten, indem sie ihre Frauen schwängerten, finden sich in vielen Berichten und kamen wohl den Erwartungen der Leser entgegen, da sie zum Teil bis weit in dieses Jahrhundert hinein geglaubt wurden und auch in seriöse wissenschaftliche Arbeiten Eingang fanden.[17]

Ewald Volhard beschrieb 1939 in der Einleitung zu seiner Studie *Kannibalismus* treffend die Einstellung der Europäer, für die die Tatsache, daß Menschen ihre Artgenossen aufessen, stets in besonderem Maß erregend gewesen sei. Diese Sitte sei ein Greuel und eine unverständliche Verirrung, ein Schandfleck in der Entwicklungsgeschichte des Menschengeschlechts. *„Dieser unmittelbare und keiner Überlegungen bedürftige Abscheu* *hat nahezu jeder Berichterstattung, Beschreibung und Erforschung des Kannibalismus von vornherein sein Siegel aufgedrückt, zumal sich jeder gezwungen fühlen mußte, für eine so widernatürliche Sitte eine mögliche Erklärung ausfindig zu machen, die in den gänzlich verrohten Wilden doch noch etwas Menschliches zu sehen zuließ.*"

Einerseits ein tiefer Abscheu, andererseits aber auch eine morbide Faszination sind bezeichnend für den Umgang mit der Thematik und gehören zu den Ursachen, warum sich in der prähistorischen Forschung das Kannibalismus-Motiv so zäh erhalten konnte. Es bringt „stumme" Befunde zum Sprechen, macht sie plastisch und vertraut, da jeder mit mehr oder weniger gruseligen Geschichten von Menschenfressern aufgewachsen ist. Die Vorstellung von Urmenschen als starken Jägern bei einem kannibalischen Mahl ist faszinierender als die zutreffende von Aasfressern und Gejagten; Höhlenkulte mit Menschenopfern und Kannibalismus oder keltische Vorfahren, die gemütlich um ein Feuer sitzen und eine „Menschenhaxe" verspeisen, sind spannender als die Annahme zweistufiger Bestattungen, wenn auch weniger realistisch.

Die Schilderung kannibalischer Sitten in urgeschichtlicher Zeit, deren Existenz oftmals als wissenschaftlich gesicherte Tatsache und nicht als Vermutung dargestellt wird, beeinflußt nicht nur die archäologische Fachwelt und die von ihr erarbeitete Rekonstruktion der Vergangenheit, sondern kann darüber hinaus Auswirkungen allgemeiner Art haben. Erwähnt seien in diesem Zusammenhang Theorien über einen angeblich angeborenen menschlichen Aggressionstrieb, die in den Arbeiten von Robert Ardrey ihren vorläufigen Höhepunkt erreichten. Er charakterisierte in den sechziger Jahren, ausgehend von falsch interpretierten archäologischen Fundzusammenhängen, die frühen Menschen bzw. ihre Vorfahren, die Australopithecinen, als Mörder und Kannibalen und leitete daraus grundlegende Aussagen über die menschliche Psyche ab. Diese führten letztlich dahin, aggressives, gewalttätiges und kriegerisches Verhalten als naturgegeben, da dem Menschen angeboren, und nicht als kulturbestimmt, also beherrschbar, zu definieren. Ardrey berief sich vor allem auf Interpretationen des berühmten Anthropologen Raymond Dart, der die Australopithecinen 1953 als Killer beschrieb, als *„fleischfressende Kreaturen, die sich ihrer lebenden Opfer mit Gewalt bemächtigten, sie erschlugen, in Stücke rissen und ihre Glieder abtrennten, gierig ihren Durst mit dem heißen Blut der Beute löschten und das lebendige, zuckende Fleisch fraßen.“*[18]

Neuere Untersuchungen haben jedoch gezeigt, daß die in den südafrikanischen Höhlen gefundenen Australopithecinenreste wie auch die von Affen und anderen Tieren als Jagdbeute von Raubtieren und nicht als Mahlzeitreste des Australopithecus gelten müssen. Die vermeintlichen Schlagspuren, die an den Schädeln festgestellt worden sein sollen, konnten als Bißspuren solcher Tiere identifiziert werden. Auch die lange vertretene Auffassung, die Australopithecinen hätten nicht nur ihre Artgenossen, sondern vor allem Großwild gejagt, mußte inzwischen aufgegeben werden. Heute geht man davon aus, daß sie sich, in Konkurrenz mit Aasfressern, ihren Anteil an der Beute von Raubtieren, vor allem das Knochenmark, geholt haben.[19] Die zuvor angeführten älteren Schlußfolgerungen, die auf denselben Funden basierten, verdeutlichen, daß der Gedanke an Kannibalismus als griffiges Interpretationsmodell zum stets präsenten Repertoire gehörte; Überlegungen, die in eine andere Richtung führen, wurden oft gar nicht erst angestellt.

Dies verwundert nicht, denn man ging von einer weiten Verbreitung des Kannibalismus zu allen Zeiten und in allen Gebieten der Erde aus, und die Frage nach der Realität des Phänomens stand nie im Vordergrund, obwohl der Mangel an Augenzeugen solcher Praktiken kaum zu übersehen war. So mußte beispielsweise Ewald Volhard am Ende seiner Studie zugeben, daß bei keiner anderen Erscheinung die Quellen, auf die sich eine wissenschaftliche Untersuchung im allgemeinen stützen kann, nämlich Berichte von Augenzeugen, so verschwindend gering seien wie bei dieser. Zu quellenkritischen Untersuchungen führte ihn dies jedoch nicht, sondern nur zu umständlichen Erklärungen, warum Europäer kannibalische Handlungen nicht beobachten konnten oder wollten.

Der beschriebene oberflächliche Umgang mit dem Quellenmaterial ist sowohl in der Ethnologie als auch in der Urgeschichtsforschung häufig anzutreffen: Anthropophagie als Stadium der menschlichen Entwicklung war eine elementare Vorstellung, und es herrscht bis heute kein Mangel an Modellen, die sich mit der Entstehung und Entwicklung der Menschenfresserei sowie deren Motiven beschäftigen.

Bereits Platon (428/27–349/48 v. Chr.) versuchte, die Verhältnisse der Vorzeit aus ihren Spuren in seiner Gegenwart zu rekonstruieren und schloß von den vermeintlichen Menschenopfern der barbarischen Völker auf einen ehemals allgemein geübten Kannibalismus. Theophrast (371–287 v. Chr.) deutete die Tieropfer als Ablösung einer von Notzeiten erzwungenen Menschenfresserei, und gemäß der orphischen Kulturentstehungslehre machte erst der mythische Sänger Orpheus dem anthropophagen Urzustand ein Ende; bis dahin hätten die Menschen vom gegenseitigen Fraß gelebt, der stärkere Mann hätte den schwächeren als Beute zerfleischt, bis eben der Kulturheros das Fleischessen verbot und Ackerbau, eine geordnete Lebensführung sowie die Schrift brachte. Modelle dieser Art beschreiben die Entwicklung des Menschen vom „Natur-“ in den „Kultur“-zustand; sie sind weit verbreitet und definieren jeweils die Gesellschaft, wie sie ist, mit Hilfe von Gegensätzen, von Fremdbildern, die entweder in die Vergangenheit oder in die Ferne projiziert sind. So findet sich zum Beispiel in den erstmals 1609 publizierten *Königlichen Kommentaren* des Garcilaso de la Vega, auch „el Inca“ genannt, folgende Erzählung über den Ursprung der Inka, die Garcilaso von seinem Onkel hörte: Die Menschen der alten Zeiten lebten wie wilde Tiere, zu zweit oder dritt in Felshöhlen, Spalten und Erdlöchern, ohne Religion und Regierung, bauten nichts an und gingen nackt, aßen die Kräuter auf den Feldern, Baumwurzeln und Menschenfleisch. Erst als der Vater, die Sonne, einen Sohn und eine Tochter, die Stammeltern der Inka-Könige, schickte, lernten die Menschen, wie vernünftige und gesittete Wesen zu leben.[20]

Der Weltreisende und Naturforscher Georg Forster, einer der Begleiter von James Cook, gab in seinem 1777 veröffentlichten Bericht über seine Reise um die Welt der Überzeugung Ausdruck, daß die Bewohner Tahitis früher Menschenfresser gewesen sein müssen, ehe sie durch die Vortrefflichkeit des Landes und des Klimas sowie den Überfluß an guten Nahrungsmitteln gesitteter wurden. Schließlich sei bekannt, daß diese Art von Barbarei bei allen Nationen in den Brauch überginge, Menschen zu opfern, und daß sich diese gottesdienstliche Zeremonie, selbst bei zunehmender Kultur und Verbesserung der Sitten, noch lange erhalten hätte, so etwa bei den Griechen und Römern. Unzweifelhaft schien ihm, daß fast alle Völker in den ältesten Zeiten Kannibalen gewesen sind.[21]

Diese Auffassung hat sich nahezu unverändert bis heute gehalten, obwohl es sich lediglich um eine längst überholte evolutionistische Modellvorstellung auf der Grundlage der abendländischen Tradition handelt. War Kannibalismus anfangs durch „Roheit“ und „Leckerei“ geprägt, so das Schema, kamen später Motive wie „Rachsucht“ und „Liebe“ hinzu, gefolgt von Menschenfresserei als Ausdruck religiöser Gesinnung. Sie wurde vom Menschenopfer ohne Kannibalismus abgelöst, bis auch dieses durch Tieropfer und endlich symbolische Formen, wie etwa die Eucharistie, ersetzt war. Kurzum: je „wilder“ die Menschen, desto weniger symbolisch ihre Handlungen.

Nach Auffassung des Prähistorikers Matiegka, der 1896 menschliche Knochen aus Gruben einer Siedlung der Bronzezeit in Böhmen vorlegte und nicht wie viele seiner Zeitgenossen ausschließlich spekulierte, sei die Anthropophagie aus Nahrungsmangel entstanden – der Mensch der Eiszeit könne aus Not zum Verzehr von Menschenfleisch gezwungen worden sein. Als die Zeit der Not vorbei war, habe der vorhistorische Europäer Freund und Feind vor allem aus Naschsucht, aus Rache und vielleicht aus Liebe verzehrt, dann nur noch einzelne Teile gegessen, wenigstens gebraten oder endlich verbrannt, womit der Übergang von der Bestattung zur Leichenverbrennung erklärt sei. Die Anthropologin Gisela Asmus leitete dagegen Mitte dieses Jahrhunderts in einem Artikel über die Menschen der Altsteinzeit und ihre Kulturen die Körperbestattung aus der Anthropophagie ab. Aus den Anfängen der kultischen Kannibalenmahlzeit soll sich allmählich in jüngerer Zeit die Teilbestattung und dann die richtige Körperbestattung entwickelt haben, der eine größere sittliche Reife zugrunde liege.[22] Weder für die eine noch die andere Theorie gibt es auch nur die geringsten Hinweise.

Richard Andree nahm in seiner Untersuchung über *Menschenschädel als Trinkgefäße* von 1912 Hunger als eine der ursprünglichen Triebfedern des Kannibalismus an, meinte jedoch, daß „wir Kulturmenschen" nicht mehr alle Gründe des „Urmenschen" verstünden: *„Gewiß scheuten sie nicht vor Leichen zurück, waren nicht wählerisch im Genuß widerlicher Dinge, und Gefühlsfeinheit wird ihnen so ferne gelegen haben wie ästhetischer Sinn."* Im Urstadium, so Andree weiter, verfiel der Leichnam menschenfresserischer Gewohnheit und die Hirnschale wurde einfacher Gebrauchsgegenstand. Daraus sei der Exokannibalismus aus Rachsucht gegenüber dem besiegten Feind und endlich der Endokannibalismus aus Liebe zu den Angehörigen und Freunden entstanden. Mit zunehmender Kultur ließe sich ein allmähliches Schwinden des Brauchs feststellen, *„der heute nur noch bei zwei Extremen, bei den barbarischen Völkern und im religiösen Kultus, besteht."*

Der Prähistoriker Günter Behm-Blancke entwarf 1958 ein noch detaillierteres, jedoch kaum verständliches Modell: Aus Urformen der Menschenfresserei, der „Patrophagie" (Essen des Vaters) und einem daraus entstandenen „Gefallenen-Kannibalismus", hätten sich solche des „niederen Kannibalismus" entwickelt, der „funerale" und „fruchtbarkeitsmagische", dann der „mythische Ahnen-" und der „Kopfjagd-Kannibalismus" und diesen folgend als „höherer Kannibalismus" der „Göttliche", aus dem das Menschenopfer ohne Kannibalismus erwachsen sein soll. Als höchste Stufe bezeichnete er das symbolische Verzehren des göttlichen Leibes im Sakrament der Kommunion.[23] Ausgangspunkt war eine Arbeit aus dem Jahr 1896, in der die Auffassung vertreten wurde, daß der Endokannibalismus früher entstanden sei als der Exokannibalismus: Die „Urmenschen", denen noch eine feinere Psyche fehlte, hätten aus Nahrungsmangel auf das reichlich vorhandene Menschenfleisch, also die toten Stammesangehörigen, zurückgreifen müssen.[24] Und noch in einer 1983 publizierten religionswissenschaftlichen Studie über die Verteilung des Fleisches und die Tischordnung als Wurzel sozialer Organisation können wir die von Behm-Blancke und vielen anderen vertretene evolutionistische Denkweise verfolgen: *„Die archaischen Hochkulturen des Vorderen Orients und des Mittelmeerraums praktizierten das Menschenopfer zwar noch, als die kannibalische Orgie, die sich mit ihm einst verband, nur noch mythisch nachwirkte, ersetzten es aber zunehmend durch tierische Opfer (...).“*[25] Untersuchungen über Menschenopfer im Vorderen Orient und in Griechenland, die sich kritisch mit den Quellen auseinandersetzen, sowohl schriftlichen als auch archäologischen, lassen es zweifelhaft erscheinen, ob diese überhaupt dargebracht wurden,[26] von kannibalischen Orgien ganz zu schweigen.

Generell ist es höchst problematisch, aus literarischen Werken, Mythen, Sagen, Märchen und Symbolen Rückschlüsse auf historische Vorgänge ziehen zu wollen, so etwa, wenn die *Ilias* des Homer oder die *Iphigenie* des Euripides als Belege für die ehemalige Praxis des Menschenopfers betrachtet werden, ohne daß weitere Belege aus historischen oder archäologischen Quellen diese Ansicht unterstützen. Lediglich im Zusammenhang mit Bestattungen scheinen einige wenige überzeugende Hinweise auf Menschenopfer aus dem griechischen Raum vorzuliegen.[27] Möglicherweise beschreiben also die von Homer geschilderten Praktiken bei der Bestattung des vor Troja gefallenen Griechenhelden Patroklos tatsächlich einstige historische Realität. Mythen jedenfalls sind keine Riten und spiegeln nicht „wörtlich“ eine vergangene Gegenwart, oder, mit den Worten des Religionswissenschaftlers Walter Burkert: *„Der Mythos zieht die Linien zu Ende: die Drohgebärde wird zum Mord, die gespielte Klage zur echten Trauer, die angedeutete Erotik zur Geschichte von Liebe und Tod. So wird das Als-Ob des Ritus zur mythischen Wirklichkeit, wie umgekehrt der Ritus dem tradierten Mythos seinen Wirklichkeitsgehalt bestätigt.“*[28]

Niemandem ist es bisher eingefallen, aus dem in Mythen häufig beschriebenen Inzest ein allgemeines Entwicklungsstadium der Menschheit zu konstruieren, sobald aber Kannibalismus und Menschenopfer behandelt werden, akzeptiert man auch solche Quellen als Hinweise auf einen Zustand in der Vergangenheit oder – bei „Wilden" – gar der Gegenwart. Man spricht „primitiven" Gesellschaften die Möglichkeit symbolischer Handlungen ab; sie tun angeblich, was in ihren Mythen beschrieben ist, während wir, gewissermaßen auf höherem geistigen Niveau, nur noch symbolisch handeln – dahinter steht die bewußte oder unbewußte Vorstellung von einer zielgerichteten kulturellen Entwicklung, an deren Endpunkt wir selbst stehen.

In ethnographischen Reiseberichten wurde des öfteren die mythische mit der realen Ebene verwechselt: Wovon die Mythen der Stämme erzählten, mußte auch gelebte Wirklichkeit sein. Daß diese Sichtweise lange unwidersprochen blieb, mag zum einen daran gelegen haben, daß den Beobachtern meist die Teilnahme an entsprechenden Riten verwehrt blieb, mithin eine Überprüfung nicht vorgenommen werden konnte, zum anderen daran, daß den „Wilden" alles zugetraut wurde, nur keine ausgeprägte Symbolik. So hieß es beispielsweise vom Ezam-Uzum-Ritual der Marind-anim, Pflanzern und Kopfjägern auf Neuguinea, daß ein Mann und eine Frau, ein kopulierendes Paar, geopfert und gegessen werden. Es handelt sich um die den Nicht-Eingeweihten, also auch den Reisenden, einzig zugängliche mythische Version, die jedoch in verschiedenen Berichten als realer Vorgang erscheint. Tatsächlich sind im Ritual die Menschen durch Kokosnüsse, als menschliche Köpfe geschmückt, symbolisiert; allein diese werden geopfert und gegessen.[29]

Derartige Irrtümer verwundern kaum angesichts der bereits deutlich gewordenen Einstellung vieler Vertreter der „westlichen Zivilisation" gegenüber den „Wilden". Aussagen wie diejenige, daß frisches Menschenblut bei den Gebräuchen der Kannibalen eine große Rolle spiele – etwa wenn bei den *„Markesas in Polynesien (...) die Männer öfter ihre Weiber,*

Kinder, ihre altersschwachen Eltern" töten und sich auf das warme Blut stürzen[30] –, sind keineswegs selten, obwohl eine Gesellschaft, die solche Sitten pflegt, wohl nicht lange existieren würde. Auch heute noch beruft man sich auf derartige Vorstellungen, kleidet sie aber in ein wissenschaftliches Gewand. So findet sich beispielsweise in einem populär geschriebenen archäologischen Fachbuch die Aussage: „*Bestimmte, beim Fäulnisprozeß einer Leiche entstehende Giftstoffe können beim Verspeisen Rauschzustände herbeiführen. Es sind dies in erster Linie Muscarin und Muscaridin (...). Diese könnten manche, von den völkerkundlichen Forschern beobachteten Eigenheiten wie die Gier nach Menschenfleisch erklären und in Form von toxischer Ekstase auch bei vorgeschichtlichen Kultausübungen in Rechnung gestellt werden.*"[31] Kannibalen wären demnach robuster als andere Menschen und sterben nicht an Leichengift, müßte man aus dieser Aussage schließen.

Allgemein ist festzustellen, daß Kannibalismus, gleich welcher Form, eine negative Bewertung erfahren hat. Immerhin bemühten sich Gelehrte wie Alexander von Humboldt (1769–1859), auch die Sicht des „Kannibalen" bei der Beurteilung des Sachverhalts einzubeziehen. Er verglich in diesem Zusammenhang den Eindruck, den die Vorwürfe des Europäers auf den Indianer machen, mit jenem, den die Vorhaltungen eines indischen Brahmanen auf uns machen würden, wollte dieser uns den Genuß von Tierfleisch verbieten, das ihm als unantastbar gilt. Der bereits erwähnte Georg Forster (1754–1794) betonte, daß es an und für sich weder unnatürlich noch strafbar sei, Menschenfleisch zu essen, auch wenn es unserer Erziehung zuwider sein mag. Der erste Schritt zur Kultur müsse jedoch darin bestehen, dem Menschenfressen zu entsagen.[32]

Diese in der Tradition der Aufklärung stehenden Autoren zeigen eine Einstellung, die durch das Bemühen um ein Verständnis gekennzeichnet ist, das am Ende des 19. und zu Beginn des 20. Jahrhunderts, der Blütezeit des Kolonialismus, kaum mehr festgestellt werden kann. Diese Zeit war geprägt durch sozialdarwinistische Auffassungen, die die Überlegenheit des Europäers nun auch vermeintlich wissenschaftlichobjektiv bestätigten. Der „Wilde“ wurde mehr als Objekt denn als Mensch behandelt und war jedenfalls von minderem Wert – im besten Fall vergleichbar mit dem Kleinkind, dessen Denken dem der „Primitiven“ ähnlich sein sollte. Die Kolonialpolitik zeichnete sich durch rücksichtsloses und brutales Vorgehen aus, und insbesondere solche Stämme, die sich gegen die Eroberer zur Wehr setzten, stigmatisierte man häufig als Kannibalen. Der „Wilde“ wurde mit Geisteskranken und Verbrechern verglichen, bei denen Fälle von Kannibalismus vorgekommen seien, und die *„auch in anderer Hinsicht den Wilden ähnliche Verhaltensweisen zeigen. Wie weit sich hierin ein Zeichen einer Geisteskrankheit, wie einige Gerichtsärzte annehmen, oder blos ein niedriger Stand der Gefühle und Bildung offenbart, ist schwer zu entscheiden.“*[33]

In diesem geistigen Umfeld entwickelte sich die prähistorische Forschung und übertrug viele Ansichten des späten 19. Jahrhunderts mehr oder weniger willkürlich auf ihre Funde und Befunde. Haben sich diese Ansichten auch inzwischen gewandelt, so wurden doch viele daraus entwickelte Einschätzungen beibehalten und beeinflussen noch heute die Interpretation des archäologischen Materials, ohne daß eine Überprüfung der Grundlagen und Voraussetzungen vorgenommen wurde. Lediglich die von den Archäologen vermuteten Motive für Kannibalismus haben sich tendenziell im Lauf des 20. Jahrhunderts von eher „profanen“ hin zu „kultisch-rituellen“ gewandelt, obwohl in der ethnologischen Forschung, auf die man sich im allgemeinen beruft, neben anderen Theorien nach wie vor auch die der Nahrungsgewinnung durch Menschenjagd eine Rolle spielt.[34]

Im folgenden sollen nun archäologische Funde und Befunde selbst „unter der Lupe“ betrachtet werden, um zu erfahren, ob deren Deutung als kannibalische Überreste gerechtfertigt und überzeugend erscheint.

Kannibalische Vorfahren? Archäologische Funde unter der Lupe

Im Jahr 1902 erhielt der Geologe und Paläontologe Dragutin Gorjanović-Kramberger, seit 1880 Kurator am Nationalmuseum in Zagreb und seit 1899 Ausgräber der Höhle von Krapina in Kroatien, einen Brief des bekannten Heidelberger Anthropologen Hermann Klaatsch mit dem bezeichnenden Satz: *„Wäre es nicht phantastisch, wenn wir unsere Kollegen davon überzeugen könnten, daß es wahrhaftig paläolithische Kannibalen gegeben hat?“*[35]

Das Paläolithikum, die Altsteinzeit, umfaßt den Zeitraum von vor etwa zwei Millionen Jahren bis zum Beginn der Jungsteinzeit um 6000 v. Chr. und verschiedene Entwicklungsstufen des Menschen, vom Homo erectus über den Neandertaler bis zum modernen Menschen, dem Homo sapiens sapiens (seit ca. 100000 Jahren in Afrika, seit ca. 40000 Jahren in Europa).[36]

In der Höhle von Krapina konnte der bis dahin kaum bekannte Gorjanović zahlreiche Überreste des Neandertalers bergen, die eine wichtige Rolle in der Diskussion um die Entwicklung des Menschen spielen sollten. Der Fund war nicht zuletzt deshalb bedeutsam, weil es sich um viele Knochen von mehreren Dutzend Individuen handelte und nicht nur um einige von wenigen, wie es im allgemeinen bei so alten Funden üblich ist. Klaatsch schrieb an den Ausgräber, weil er vermutlich selbst gerne die Knochen untersuchen und ihre Auswertung veröffentlichen wollte. Gorjanović, der bis zu seiner Ausgrabung nie mit menschlichen Überresten zu tun hatte, tat dies jedoch selbst und vertrat in seinen Schriften die These vom kannibalischen Neandertaler, der Jäger und Nomade gewesen sei: *„unter solchen Bedingungen fanden Kämpfe auf Leben und Tod statt. Auf jeder Seite fielen Menschen, und die Sieger verfuhren mit den Toten wie mit der Beute aus einer erfolgreichen Jagd. Diese Menschen aßen ihre Stammesangehörigen, und zudem brachen sie die hohlen Knochen auf und sogen das Mark* *heraus (...).*“[37] Diese Einschätzung blieb zwar nicht unwidersprochen, konnte sich aber bis heute erhalten und war um die Jahrhundertwende durchaus willkommen.

Die von den meisten Forschern des 19. und frühen 20. Jahrhunderts vertretene Auffassung einer kontinuierlichen kulturellen und geistigen Höherentwicklung des Menschen bis hin zur modernen westlichen Zivilisation brachte zwangsläufig Modelle hervor, die den unterstellten Kannibalismus unserer Vorfahren an diese gedachte Entwicklung anpaßten, wie wir bereits im vorhergehenden Kapitel gesehen haben. Mit diesen Modellen ließ sich gut arbeiten, solange man sich auf einer rein theoretischen Ebene bewegte – sobald aber die wenigen bekannten Funde und Befunde einbezogen wurden, befand man sich in einem Dilemma, denn bis auf wenige Ausnahmen stammten sie keineswegs, wie zu erwarten gewesen wäre, aus der Altsteinzeit, dem nach damaliger Auffassung „primitivsten“ Stadium der Menschheit, sondern aus der späten Jungsteinzeit und vor allem aus der Bronzezeit (ca. 2300 bis 800 v. Chr.), einer Periode schon vorgerückter Kultur, wie der Gelehrte Rudolf Virchow in den achtziger Jahren des letzten Jahrhunderts nachdrücklich betonte.[38]

Insbesondere an den Gedanken bronzezeitlicher Menschenfresser mußte sich mancher Forscher erst gewöhnen. Daher und wegen eines allgemeinen Unbehagens, Kannibalen zu den eigenen Vorfahren zählen zu müssen, kam es auf verschiedenen Kongressen zu recht heftigen Diskussionen um die Existenz prähistorischer Anthropophagie. Die Befürworter dieser Auffassung konnten sich durchsetzen und nachhaltig das Bild vom urgeschichtlichen Menschen prägen, was nicht zuletzt daran gelegen haben mag, daß die Gegner es versäumten, andere Deutungsmodelle für die Befunde zu entwickeln; entweder äußerten sie sich gar nicht zu dieser Frage oder beriefen sich auf moralische Argumente. Dies gilt auch noch für Oskar Paret,[39] der Anfang der sechziger Jahre im Hinblick auf einige jungsteinzeitliche Höhlenbefunde einen irgendwie ja doch nachvollziehbaren Fall von Hungerkannibalismus konstruierte; er nahm als äußere Triebkraft der „Verirrung“ eine Dürreperiode an, wie sie in den zwanziger Jahren unseres Jahrhunderts in der Ukraine vorgekommen war. Den jungsteinzeitlichen Menschen mußte *„Kannibalismus als unerhört erscheinen"*, sie seien aber durch die Klimakatastrophe – die tatsächlich nicht nachgewiesen ist – zum Äußersten getrieben worden. Hunger als Motiv spielte jedoch in der gesamten Diskussion um Menschenfresserei kaum eine Rolle, außer als Erklärung für den Ursprung dieser „scheußlichen" Sitte – er sei daher auch hier nur am Rand erwähnt.

Gelegentlich beschlich sogar jene, die Kannibalismus in der Entwicklung der Menschheit durchaus als Gewohnheit betrachteten, ein gewisses Unbehagen hinsichtlich der Jungsteinzeit und der Bronzezeit, was sich zum Beispiel darin äußerte, daß sie die Datierung der entsprechenden Fundplätze schlicht unterließen.[40] Andere Wissenschaftler argumentierten, daß sich auch die in der Neuzeit als Menschenfresser bekannt gewordenen Völker durch einen „höheren" kulturellen Stand auszeichneten als diejenigen, die diese Sitte nicht pflegten, und es sich daher um eine Entwicklungsstufe handele, die erst mit Erreichen eines gewissen „Zivilisationsgrades" durchlaufen werde.[41] Den Bewunderern der Antike und des „Guten Wilden", des Naturkindes im Rousseauschen Sinn, wurde das *„traurige Gemälde"* entgegengehalten, *„welches die Betrachtung der Menschenfresserei und des Menschenopfers vor uns aufrollt."*[42]

Jedenfalls waren bis zur Entdeckung der Höhle von Krapina nur wenige altsteinzeitliche Fundstellen bekannt, an denen man die Überreste von Kannibalenmahlzeiten gefunden haben wollte. Dazu zählte, neben dem bereits erwähnten Skelett aus dem Neandertal, die Höhle von La Naulette bei Dinant in Belgien, wo Mitte des 19. Jahrhunderts einige menschliche Knochen entdeckt worden waren, die zwar nicht vom Ausgräber selbst,[43] wohl aber von vielen anderen Forschern bis weit in dieses Jahrhundert hinein als Mahlzeitreste interpretiert wurden.

Gorjanović-Krambergers These, in Krapina hätten Kannibalen gelebt, fiel also auf fruchtbaren Boden und lebt bis heute fort. Insbesondere seit den fünfziger Jahren dieses Jahrhunderts gewann sie zunehmend an Popularität, zu einer Zeit, in der auch anderen inzwischen bekannt gewordenen Frühformen des Menschen wie dem Australopithecus kannibalisches Verhalten unterstellt wurde, und die Diskussion um eine angeblich angeborene menschliche Aggressivität in aller Munde war. Gleichzeitig wurde der Neandertaler immer „menschlicher" – man wußte nun, daß er seine Toten bestattete, ein ausgeprägtes Sozialleben führte und sich um die Alten und Kranken kümmerte.

Die Knochen der Neandertaler von Krapina, die, wie es damals üblich war, nur in einer Auswahl geborgen wurden, waren Gorjanović zufolge durchwegs zerbrochen, keinen bestimmten Individuen mehr zuzuordnen und zum Teil mit Brandspuren versehen; die Markknochen sollen sämtlich aufgebrochen gewesen sein. Da mit Hilfe von Dynamit „ausgegraben" wurde, überrascht dies nicht. Neuere Untersuchungen der noch vorhandenen Knochen durch den amerikanischen Anthropologen Erik Trinkaus belegen, daß ihr Zustand auf natürliche Einwirkungen und die Ausgrabungsmethodik zurückzuführen ist, es sich bei den Funden um sogar recht gut erhaltene Bestattungen gehandelt haben muß, und die Höhle somit einen der ältesten Friedhöfe der Menschheit darstellt.[44]

Andere Wissenschaftler wollen an den Knochen Schnitt- und vor allem Schabspuren festgestellt haben, wie sie an menschlichen Überresten von verschiedenen Fundplätzen der Altsteinzeit auftreten. Der deutsche Anthropologe Herbert Ullrich[45] konnte nachweisen, daß diese Spuren auf eine sorgfältige Entfleischung der Knochen schließen lassen. Sie unterscheiden sich erheblich von den Schnittspuren an gleich alten Tierknochen, womit schon aus diesem Grund eine Deutung als Mahlzeitreste entfällt. Naheliegend ist die Annahme, daß hier Hinweise auf Totenriten vorliegen, bei denen Knochen eine besondere Rolle spielten. Ganz mochte sich jedoch auch Ullrich nicht vom Kannibalismus-Modell lösen: Er interpretierte beispielsweise Schädel mit erweiterter oder zerstörter Basis als Indiz dafür, daß das Gehirn nicht nur entfernt, sondern auch gegessen wurde.

Die Menschen der Altsteinzeit kannten also sowohl das Begräbnis des vollständigen Körpers als auch Formen der mehrstufigen Bestattung. Vielleicht ehrten sie ihre Vorfahren mit dem Brauch, bestimmte Knochen, insbesondere Schädelteile und Unterkiefer, eine Zeitlang aufzubewahren oder mit sich zu führen, wenn sie, wie dies bei nicht-seßhaften Jägern und Sammlern üblich ist, zum nächsten Rastplatz zogen.

Nach der Jahrhundertwende kühlten sich die anfangs hitzigen Diskussionen um die Existenz kannibalischer Vorfahren ab, und verstreute oder zerbrochene Knochen in unklarem Fundzusammenhang wurden zunehmend gerne und schnell mit entsprechenden Praktiken in Verbindung gebracht. Man hatte sich längst an den Gedanken gewöhnt, daß Kannibalen nicht nur in der älteren wie der jüngeren Steinzeit zu finden waren, sondern auch in der Bronze- und in der Eisenzeit (ca. 800 v. Chr. bis um die Zeitenwende). Vielleicht, so glaubten manche Forscher, habe der Appetit auf Menschenfleisch sogar noch bis in das frühe Mittelalter hinein angehalten, gab es doch Gesetzeswerke aus dem 6. bis 8. Jahrhundert, die sich unter anderem mit dem zu dieser Zeit noch als heidnisch geltenden Glauben an menschenfressende Hexen beschäftigten.[46] Insbesondere eine Stelle aus der *Capitulatio de partibus Saxoniae* von 789, in der es heißt, daß derjenige mit dem Tod bestraft werden soll, der eine vermeintliche Hexe verbrennt oder deren Fleisch anderen zu essen gibt oder selbst ißt, erschien geradezu als Beleg für tatsächlich ausgeübte anthropophage Praktiken, obwohl es sich um aus christlicher Sicht der karolingischen Eroberer wiedergegebene heidnische, in diesem Fall sächsische, Glaubensvorstellungen handelt.

Im Lauf des 20. Jahrhunderts verfestigte sich das Deutungsmodell Kannibalismus so stark, daß der Gedanke an andere Möglichkeiten der Interpretation von entsprechenden Befunden kaum noch eine Rolle spielte. Man bezog sich zwar weiterhin gerne auf völkerkundliche Parallelen, ohne sich diese genauer anzusehen, erachtete sie aber auf der anderen Seite gar nicht mehr als notwendig, da man meinte, aus den Funden und Befunden selbst die bekannten Schlußfolgerungen ziehen zu können. Auch die Tatsache, daß Jäger- und Sammlervölkern, deren Lebensweise im allgemeinen als Illustration für altsteinzeitliche Sitten und Gebräuche diente, inzwischen keine Menschenfresserei mehr unterstellt wurde, wie zum Beispiel noch im vorigen Jahrhundert den Eskimo und den Feuerländern, änderte lange nichts an der Auffassung, es in der Altsteinzeit trotzdem mit Kannibalen zu tun zu haben – wenn eine Parallele notwendig schien, bezog man sich eben auf Ackerbauvölker, wie der Prähistoriker Karl J. Narr kritisierte.[47] Andere in der ethnologischen Literatur beschriebene Gebräuche wie Praktiken der mehrstufigen Bestattung fanden dagegen nur geringe Beachtung.

Nach Erscheinen des Buches des amerikanischen Ethnologen William Arens über den *Menschenfresser-Mythos* Ende der siebziger Jahre, der generell die Existenz des Kannibalismus als Sitte verneinte und damit gehöriges Aufsehen erregte, begannen insbesondere Wissenschaftler, die sich mit altsteinzeitlichen Menschenresten befaßten, verstärkt Zweifel an den geläufigen Kannibalismus-Interpretationen für ihre archäologischen Befunde zu äußern. Studien an Tierkadavern, die dem natürlichen Zerfall, Raubtieren und Aasfressern ausgesetzt wurden, hatten die Kenntnis darüber verbessert, was unter welchen Bedingungen und in welcher Form von diesen Kadavern übrig bleibt und halfen damit, archäologische Befunde schlüssiger zu interpretieren. Experimente an Knochen zeigten, daß es sich bei Spuren, die auf den ersten Blick Schnittspuren zu sein scheinen, nicht unbedingt um solche handeln muß, da auch natürliche Faktoren ihr Entstehen bewirken können. Zugleich wurden Methoden entwickelt, die mittels Analyse unter dem Mikroskop eine Unterscheidung ermöglichen.[48]

Die Frage jedoch, wie sich Knochen interpretieren lassen, an denen Spuren menschlicher Einwirkung festzustellen sind, wurde und wird heute wieder gerne mit Hilfe des populären Kannibalismus-Modells beantwortet, oft ohne andere Möglichkeiten geprüft zu haben.[49]

Heutzutage gilt einigen Wissenschaftlern die Höhle von Fontbrégoua in Südostfrankreich als einziger Ort, an dem prähistorischer, nämlich jungsteinzeitlicher Kannibalismus angeblich mit Sicherheit nachgewiesen werden konnte. Das Menschenfleisch soll hier ganz trivial zum Zweck der Ernährung verwendet worden sein, wie man aus der Behandlung der menschlichen Überreste glaubte folgern zu können.[50] Die Menschenknochen lagen in „Abfallhaufen" gesondert neben anderen Knochenhaufen, die nur aus Tierknochen bestanden, und zwar in flachen Eintiefungen am Boden. Menschen- und Tierknochen sollen gleich behandelt worden sein. Bemerkenswert sind jedoch Hinweise auf eine besondere Behandlung der menschlichen Schädel, die den Hauptbestandteil eines Haufens ausmachten, und die Tatsache, daß in einem weiteren, der nur Knochen des Körpers umfaßte, alle Knochen zerbrochen waren, nicht nur die markhaltigen. Zudem fanden sich hier eine Steinaxt sowie Fragmente von Armringen, Gegenstände, die in einem anderen Zusammenhang zweifellos als Grabbeigaben angesprochen worden wären. Menschen- wie auch Tierknochen sind eben offenbar nicht wie Abfall beseitigt, sondern absichtlich auf eine bestimmte Art deponiert worden. Da zudem wenig über die Behandlung der Verstorbenen zu dieser Zeit in diesem Gebiet bekannt ist, kann es sich ebensogut um zwei- oder mehrstufige Bestattungen der Toten handeln, deren Reste dort im Rahmen angemessener Feierlichkeiten, die auch Tieropfer und Nahrungsgaben umfaßten, endgültig niedergelegt wurden.

Für zahlreiche andere Wissenschaftler gilt Kannibalismus in der Jungsteinzeit als verbreitetes und an vielen Orten belegtes Phänomen. Dies trifft insbesondere für eine der berühmtesten sogenannten Kulthöhlen zu, die im Süden Deutschlands gelegene Jungfernhöhle bei Tiefenellern nahe Bamberg, in der Anfang der fünfziger Jahre gegraben wurde.[51] Die meisten Funde gehören der ältesten jungsteinzeitlichen Kultur Mitteleuropas an, die nach der Verzierung ihrer Gefäße als Linienband- oder Bandkeramik bezeichnet wird. Der Name Jungfernhöhle weist auf düstere Sagen von geopferten Jungfrauen hin, die der Ausgräber dann auch gewissermaßen „bestätigt" fand, weil hauptsächlich Überreste von Frauen und Kindern, aber kaum von

Männern angetroffen wurden. Sie sollen, so die Anthropologin, die das Knochenmaterial untersucht hat, ganz wie Schlachttiere außerhalb der Höhle getötet, zerlegt, gekocht und gegessen worden sein, bevor dann die Mahlzeitreste, zusammen mit Tierknochen und Kochtöpfen in die Höhle geworfen wurden. Die ackerbautreibenden Bandkeramiker haben aber nach Ansicht des Ausgräbers nicht ihre eigenen Stammesangehörigen geopfert und gegessen, sondern die in ihrem Gebiet noch ansässigen Sammler und Jäger.

Es findet sich jedoch weder für diese Behauptung irgendein Hinweis im Knochenmaterial noch für die beschriebene Behandlung der angeblichen Opfer, obwohl intensiv danach gesucht wurde. Ganz im Gegenteil: Nicht einmal die Tötung der Menschen konnte nachgewiesen werden, geschweige denn eine Zerlegung ihrer Körper oder überhaupt irgendeine durch Menschen verursachte Spur. Dieses Untersuchungsergebnis ist bei dem geschilderten Szenarium schlichtweg unvorstellbar, und schon deshalb muß die Menschenfressergeschichte falsch sein. Die Knochen waren sehr wohl zerbrochen; angesichts der Tatsache aber, daß Steine von der Decke fielen oder absichtlich von oben in die Höhle geworfen wurden, kann ihr Zustand nicht verwundern. Verwunderlich bleibt jedoch, daß die Interpretation als Reste kannibalischer Mahlzeiten dem Befund trotzdem mit Gewalt „übergestülpt" und von der Forschung allgemein akzeptiert wurde. Dies scheint mit der weitverbreiteten Meinung zusammenzuhängen, daß Gräber der Bandkeramiker ja bekannt seien, weshalb es sich bei dem Höhlenfund nicht um Bestattungen handeln könne.

Die vorhandenen Indizien legen aber eine solche Deutung sehr wohl nahe: Die Menschen müssen zunächst geraume Zeit woanders deponiert worden sein, bevor man einen Teil ihrer Skelette bergen konnte, um sie dann in der Höhle endgültig zu bestatten. Dafür spricht etwa das weitgehende Fehlen der einwurzeligen Zähne, ein Faktum, das vom Ausgräber für seine Kannibalismus-Theorie benutzt wurde, obwohl nicht einmal Hinweise auf eine gewaltsame oder auch nur absichtliche Entfernung vorliegen – tatsächlich fallen diese Zähne leicht von allein aus und bieten einen Anhaltspunkt für die eben angeführte Interpretation. Möglicherweise hat man sie bei der Bergung der Skelettreste auch extra gesammelt, um sie an einer Kette zu tragen, wie der Fund von 29 durchbohrten menschlichen Zähnen aus einer Grube in Zeuzleben in Franken vermuten läßt.[52] Nur Säuglinge, deren Skelette am vollständigsten vorlagen, brachte man vielleicht ohne Zwischenstufe sofort in die Höhle. Die Deutung als zweistufige Bestattung wird dadurch unterstützt, daß Wirbel, Rippen, Hand- und Fußknochen nur selten vorlagen und vermutlich am ersten Bestattungsort verblieben; einige Schädel- und Langknochen, die ebenfalls unterrepräsentiert sind, bewahrte man vielleicht am Wohnort auf. Gerade solche Knochen finden sich, neben ganzen Skeletten, des öfteren in bandkeramischen Siedlungen und werden dort, wie zu erwarten, in der Regel ebenfalls fälschlich als Hinweise auf Kannibalismus und Menschenopfer interpretiert. Bei den in der Höhle gefundenen Gefäßen handelt es sich möglicherweise um Kochtöpfe, in denen das Totenmahl für die Hinterbliebenen zubereitet wurde, vielleicht aber auch um Beigaben, wie sie in „normalen" Gräbern auf Friedhöfen und in Gräbern in Siedlungen, die gerne als Sonderbestattungen bezeichnet werden, anzutreffen sind.

Friedhöfe kennt man allerdings im Vergleich zu Siedlungen in so geringer Zahl, daß dort allenfalls 20% der Verstorbenen bestattet worden sein können. Zudem sind hier Frauen und insbesondere Kinder seltener als Männer vertreten, wohingegen sie in Höhlen und Siedlungen überwiegen. Auch demographische Argumente lassen sich also für die Existenz der Sitte der Siedlungs- und der mehrstufigen Bestattung anführen, da sich die Befunde aus Friedhöfen, Siedlungen und Höhlen ergänzen und zusammen ein vollständiges Bild ergeben.[53]

Daß es in bandkeramischer Zeit vor 7000 Jahren nicht friedlich zugegangen ist, zeigen uns zwei „Massengräber", eines in Deutschland mit Überresten von 34 und eines in Österreich mit solchen von 67 Menschen, die nach Ausweis der Spuren an den Knochen erschlagen wurden.[54] Es handelt sich wohl jeweils um eine ganze Dorfgemeinschaft, bestehend aus etwa gleichen Anteilen von Erwachsenen und Kindern. Aus derartigen Befunden geht die Zusammensetzung der „Lebendpopulation" hervor, allerdings mit einigen auffälligen Merkmalen, die uns zugleich Hinweise geben, warum die Siedlungen oder Dörfer überfallen wurden: Es fehlen die Säuglinge und ein erheblicher Teil der jüngeren erwachsenen Frauen. Daher kann vermutet werden, daß die Angreifer ihr Ziel erreicht haben, nämlich den Raub von gebärfähigen Frauen und von Säuglingen, die sich noch problemlos in eine fremde Gemeinschaft integrieren ließen. In einem Fall wurden die Erschlagenen gemeinsam in einer Grube bestattet, vermutlich von Angehörigen, die dem Überfall entkommen konnten, im anderen Fall überlebte wohl keiner, denn die Toten blieben einfach am Ort des Massakers liegen; vielleicht waren es auch zu viele Opfer, so daß die Überlebenden sie nicht bestatteten, sondern nur in den die Siedlung umgebenden Graben warfen.[55]

Nach diesem kleinen Exkurs in die prähistorische Wirklichkeit geht es nun wieder zurück zum vermeintlichen Kannibalismus unserer Vorfahren. Nicht nur die ältesten Ackerbauern sollen die Sitte der Menschenfresserei gepflegt haben, sondern auch in den folgenden jungsteinzeitlichen Kulturen war sie angeblich verbreitet. Zuweilen, so muß man aus archäologischen Publikationen schließen, scheinen offenbar keine Gräber vorhanden zu sein, dafür aber Reste von Kannibalenmahlzeiten, Menschenopfern und pietätlos Verscharrten. Ob diese Kulturen tatsächlich „bestattungslos" waren, wie sie zuweilen eingestuft werden, oder ausschließlich auf eine archäologisch nicht nachweisbare Art bestatteten, etwa in Flüssen, sei bezweifelt; die vorhandenen Befunde lassen sich durchaus problemlos als Bestattungen oder als Hinweise auf entsprechende Rituale interpretieren – sie wirken nur in ihrem materiellen Erscheinungsbild nicht immer so schön, wie wir uns ein „normales" Grab vorstellen. Dies mag vor allem daran liegen, daß uns die Totenriten selbst, also die für die Hinterbliebenen und die Verstorbenen wichtigen Handlungen unbekannt bleiben, und wir quasi nur die „Endprodukte" zu sehen bekommen. Wer einmal einen christlichen Friedhof des späten Mittelalters

Abb. 4: Mittelalterliche Darstellung einer Bestattungszeremonie. Knochen aus älteren Gräbern werden beiseite gelegt

oder der frühen Neuzeit ausgegraben hat, der weiß, wie außerordentlich „pietätlos" zu dieser Zeit mit den Überresten der Toten umgegangen wurde, und zwar in einer Kultur, in der zumindest idealerweise das ganze unversehrte Skelett für die Zeit der Auferstehung vorhanden sein mußte.[56] Ideologie und tatsächliche Handlungsweisen stimmen ja oft nicht überein, wenn man genauer hinsieht – ein wohl der „menschlichen Natur" zuzuschreibendes Phänomen.

Aus der folgenden Periode, der Bronzezeit, kennen wir ebenfalls Siedlungs- und Höhlenbestattungen. Auch hier sind Interpretationen wie Kannibalismus und Pietätlosigkeit schnell bei der Hand, wenn man meint, derartige Befunde weichen von den normalen Bestattungssitten ab. So bemühte man sich beispielsweise Ende des letzten Jahrhunderts im Fall der Rothesteinhöhle bei Holzen in Niedersachsen bereits ebenso intensiv wie später im Fall der Jungfernhöhle, trotz nicht vorhandener Spuren an den dort gefundenen Menschenknochen, eine Deutung als Mahlzeitreste zu rechtfertigen: „*Wenn man bedenkt, dass noch heute manche Völker, welche (...) mindestens ebenso hoch cultivirt sind, wie die Urbewohner Europa's während der älteren Bronzezeit gewesen sein dürften, dem Cannibalismus, als einem durch Tradition und Religion geheiligten Brauche, anhängen, dass andere Völker erst vor kurzem mit Mühe davon entwöhnt worden sind, wenn man ferner bedenkt, dass auch bei den heutigen Culturvölkern Europa's sich in Sagen und Ueberlieferungen Reminiscenzen an Menschenfresser finden, so erscheint die Annahme cannibalischer Mahlzeiten für die Holzener Höhle gar nicht so seltsam.*"[57]

Dies ist eine wunderbare Darstellung der Auffassungen des letzten Jahrhunderts, als man sich nicht vorstellen konnte, daß „*bunt durcheinandergewürfelte*" menschliche Reste, angeblich in der Nähe von Herdstellen gelegen und mit Asche und Holzkohle vermischt, etwas anderes sein könnten als eben Mahlzeitreste, auch wenn deutliche Spuren der Einwirkung von Feuer seltener zu erkennen waren, „*als ich erwartet hatte; die Röhrenknochen sahen meistens mehr abgebrüht als angebraten aus.*" Spätere Untersuchungen an anderen Knochen aus der

Höhle zeigten jedoch, daß es sich wohl gar nicht um Brandspuren, sondern um natürlich entstandene Knochenverfärbungen handelte. Das „*abgebrühte*" Aussehen dürfte mit der intensiven Reinigung der Knochen durch Wasser und Bürste zu erklären sein. Daß sie nicht in ihrer natürlichen anatomischen Ordnung im Skelettverband, sondern bunt durcheinandergewürfelt angetroffen wurden, versteht sich von selbst, wenn man davon ausgeht, daß die Toten ursprünglich ohne Schutz einfach auf dem Höhlenboden niedergelegt worden waren.

Jedenfalls konnten auch keine Schlagspuren festgestellt werden; es sei aber gar nicht nötig, daß „*jeder von einer prähistorischen Mahlzeit herrührende Röhrenknochen zerschlagen sein, und dass, wenn dieses der Fall ist, er eine scharf ausgeprägte Schlagmarke zeigen müsse. Bei Menschenknochen darf man dieses wohl noch weniger erwarten, als bei Thierknochen. Wenn man den Cannibalismus der Bronzezeit (...) sich als einen durch die Tradition geheiligten Gebrauch denkt (...), so braucht man keineswegs die äußerste Ausnutzung der Markknochen vorauszusetzen.*"[58]

Es bleibt noch anzumerken, daß die über den Funden liegende sehr harte Sinterschicht mit Hilfe von Pulver losgesprengt worden war und die „Ausgrabung" nur 6 Tage gedauert hatte; ansonsten spricht die 1884 veröffentlichte Analyse der Knochen für sich. Erst seit kurzer Zeit jedoch gelten die Funde aus der Rothesteinhöhle nicht mehr als Reste von Kannibalenmahlzeiten, wohl aber als solche von Menschenopfern.[59] Die anthropologische Untersuchung von Funden aus späteren Grabungen – die Höhle war im letzten Jahrhundert keineswegs vollständig ausgegraben worden, die Funde aus dieser Zeit sind aber großteils verloren – ergab allerdings eine völlig normale demographische Zusammensetzung der dort deponierten Individuen, die so auch auf einem Friedhof zu erwarten gewesen wäre, wie der Anthropologe betonte. Dies läßt die Wahrscheinlichkeit, daß es sich um Menschenopfer handeln könnte, gering erscheinen.

Besonders berühmt für ihren „Kannibalismus" sind unsere bronzezeitlichen Vorfahren in Böhmen, Mähren und Thüringen – schon der bereits im vorigen Kapitel erwähnte Prähistoriker Matiegka veröffentlichte Ende des letzten Jahrhunderts einige als Abfallgruben bezeichnete Befunde aus einer Siedlung, die auch Menschenknochen enthielten, darunter vor allem Hand- und Fußknochen sowie Schädelbruchstücke. Daraus schloß er nicht etwa, daß es sich beispielsweise um Trophäen oder um Überreste von Erstbestattungen handeln könnte, deren Knochen man nicht vollständig geborgen hatte, sondern er beschrieb die Einwohner des Dorfes als Feinschmecker, die es auf Handteller und Fußsohlen sowie auf das Gehirn abgesehen hätten. Bei einem vollständig vorliegenden Kinderskelett vermutete er demzufolge konsequent, daß der Leichnam aufgrund fortgeschrittener Verwesung oder einer widrigen Krankheit nicht zum Verzehr geeignet gewesen sei und deshalb in eine Grube geworfen wurde.

Sind diese Befunde auch alt und nicht mehr rekonstruierbar, so zeigen doch neuere Untersuchungen, daß in Siedlungen dieser Zeit sehr häufig Skelette und einzelne Knochen von Menschen auftreten, und zwar interessanterweise, anders als in der frühen Jungsteinzeit, überwiegend solche von Männern, weniger von Kindern und selten von Frauen. Diese finden sich wiederum häufiger als Männer in Brandgräbern vertreten. Einige der Skelette und Knochen zeigen Spuren von Verletzungen und Gewalteinwirkungen verschiedener Art. Für viele Forscher sind dies die Reste von Geopferten und von Kannibalenmahlzeiten; manche sprechen sogar davon, daß es sich um Angehörige von fremden Gruppen gehandelt hätte, die getötet und dann entweder verscharrt oder gegessen worden seien. Die Frage, wo die Männer der ansässigen Bevölkerung bestattet worden sind, bleibt bei diesem Modell allerdings offen.[60]

Immerhin zeigen die Spuren der Gewalteinwirkung an Knochen und Skeletten, daß es sich um eine kriegerische Gesellschaft gehandelt haben könnte, und die Wahrscheinlichkeit, im Kampf oder bei einem Überfall zu sterben, nicht gering war. Vielleicht müssen wir auch damit rechnen, daß es üblich war, nach kriegerischen Auseinandersetzungen Körpertrophäen von den Gefallenen mitzunehmen, so etwa Skalps, Köpfe,

Hände, Füße, Arme und Beine, wie dies Jacob Le Moyne zu Beginn des 17. Jahrhunderts für Nordamerika beschrieb: „*Gleicher weiß / nach gehaltener Schlacht / pflegen sie mit gemeldten Rohrmessern der Erschlagenen Arme von den Schultern / und die Schenkel von den Hüfften an / auffzuschneiden / und die blossen Bein mit einem Stecken zu zerschmettern / darnach die andern zerschlagene und blutige Theyl eben mit demselben Feuwer zusengen / und wider zu trücknen / und hernach sampt der Haut deß Häupts oben auff die Spieß zu stecken / und also triumphirend heym zu bringen.*“[61]

Ähnliche Praktiken, zumindest die Mitnahme von Schädeltrophäen, kennen wir auch von den Kelten (Latène-Kultur, ca. 480–15 v. Chr.), die der Historiker und Geograph Strabon (64/63 v. bis mindestens 23 n. Chr.) als treuherzig, jähzornig, unbesonnen, prahlsüchtig und eitel beschrieb. Zur Unbesonnenheit geselle sich der „*barbarische und widernatürliche Brauch, der besonders bei den nördlichen Stämmen zu finden ist, daß sie bei der Rückkehr aus der Schlacht die Köpfe der Feinde ihren Pferden an den Hals hängen, sie dann nach Haus bringen und an den Portalen annageln. Poseidonios behauptet jedenfalls, diesen Anblick vielerorts selbst erlebt zu haben; zwar habe er ihn anfangs abgestoßen, doch dann habe er sich daran gewöhnt und ihn mit Fassung ertragen. Die Köpfe der angesehenen Feinde pflegten sie einzubalsamieren und ihren Gastfreunden zu zeigen, wobei sie darauf bestanden, sie nicht einmal gegen Gold im gleichen Gewicht herzugeben.*“[62] Dies ist eine Beschreibung, die insofern viel Wahrscheinlichkeit für sich hat, als es sich um eine Sitte handelt, die Reisenden in keltischem Gebiet, zum Beispiel Händlern, kaum entgehen konnte. Vielleicht sah auch Poseidonios, der sich in den neunziger Jahren des 1. Jahrhunderts v. Chr. in Südgallien aufhielt, tatsächlich selbst solche Schädel.

Bestätigt wird die Beschreibung auch dadurch, daß sich zahlreich Schädel und vor allem Schädelteile in keltischen Siedlungen und Oppida (Städten) finden, einige mit Durchbohrungen, die der Aufhängung gedient haben könnten. Besonders berühmt ist die Siedlung und das Heiligtum von Roquepertuse in Frankreich, wo Säulen aus Stein mit Nischen zum Vorschein kamen, in denen wohl ehemals menschliche Schädel oder Köpfe plaziert waren. Dabei mag es sich nicht ausschließlich um Trophäen gehandelt haben, sondern vielleicht auch um Ahnenschädel. Überhaupt scheinen die Kelten vielfältige Verfahrensweisen bezüglich der eigenen Toten und der Gegner im Kampf gekannt zu haben, bei denen Leichen, Köpfe oder Knochen eine Rolle spielten. So wird beispielsweise vermutet, daß in einem Heiligtum in Frankreich ehemals Krieger ohne Kopf in voller Rüstung aufgestellt waren; ferner ist eine flache, plattformartige Konstruktion bekannt, die hauptsächlich aus menschlichen Langknochen errichtet worden war.

Die den Kelten von antiken Historikern vielfach unterstellte Sitte des Menschenopfers ist dagegen weniger überzeugend belegt. Sie dürfte als Attribut barbarischer Lebensweise oder auch als Verleumdung zum Repertoire der Berichterstattung über Barbaren gehört haben. Glaubwürdiger sind Nachrichten über das Abschlachten von Kriegsgegnern – eine Sitte, die auch den Römern nicht unbekannt war, und die nur bedingt als Menschenopfer bezeichnet werden kann. Selbst wenn Opferhandlungen, wie sie in den antiken Quellen beschrieben sind, stattgefunden hätten, dürften sie kaum in aller Öffentlichkeit vor fremden Beobachtern vollzogen worden sein. Zitieren wir nochmals Strabon, der betonte, daß die Römer nicht nur mit dem Schädelkult Schluß gemacht hätten, sondern auch mit den Opfer- und Orakelbräuchen, die *„den bei uns üblichen Praktiken zuwiderliefen. So stießen sie einem als Opfer geweihten Menschen ein Messer in den Rücken und weissagten aus seinen Zuckungen; dieses Opfer vollzogen sie nie ohne Druiden. Auch andere Arten von Menschenopfern werden erwähnt; so schossen sie auf bestimmte Opfer mit Pfeilen, sie kreuzigten sie in den Tempeln oder errichteten ein riesiges Gebilde aus Stroh und Holz, stellten allerlei Haus- und Wildtiere sowie Menschen hinein und veranstalteten dann ein Brandopfer.“* Von archäologischer Seite ist nichts Derartiges nachzuweisen; im Gegenteil finden sich in den vermutlich als Heiligtümer anzusprechenden Viereckschanzen und auf sogenannten Brandopferplätzen in der Regel keine menschlichen Skelettreste, mit Ausnahme der bereits erwähnten französischen Heiligtümer. Die Deutung der dort gefundenen Reste ist aber noch umstritten, man denkt an Kriegsgefangene oder an die Bestattung der eigenen Krieger an geheiligter Stätte. Archäologen führen daher gerne Höhlen an, auch wenn die Opferstätten der Druiden heilige Haine und Tempel gewesen sein sollen, und interpretieren diese als Opferstätten; wie bereits für andere Zeiten dargelegt, ist eine Deutung als Bestattungsplätze jedoch wahrscheinlicher.[63]

Die antiken Quellen sind dagegen, was den immer wieder gerne unterstellten Kannibalismus der Kelten betrifft, alles andere als ergiebig, obwohl „Barbaren" derartige Sitten gerne zugeschrieben wurden – vermutlich waren aber gerade die Gallier oder Galater, wie übrigens später auch die Germanen, der griechischen und römischen Welt nicht fremd genug, um Menschenfresser sein zu können. Diese siedelte man im weit entfernten, unbekannten Irland an, dessen männliche Bewohner sich angeblich zudem öffentlich mit anderen Frauen sowie mit ihren Müttern und Schwestern begatteten, wie bei Strabon, immerhin unter dem Vorbehalt des Hörensagens, zu lesen ist – was ebenso wie ihr Kannibalismus ihre völlige Kulturlosigkeit belegen sollte. Menschenfresser sollten Diodor (1. Jahrhundert v. Chr.) zufolge auch diejenigen sein, die *„unter den Nordsternen"* nahe dem Skythenland wohnten.[64]

Caesar (100–44 v. Chr.) erwähnte in seinem *Gallischen Krieg* diese Sitte ebenfalls, und zwar in Form einer Rede, die ein gewisser Critognatus während der römischen Belagerung von Alesia vor den Eingeschlossenen gehalten haben soll, und die Caesar *„wegen ihrer einzigartigen und gottlosen Grausamkeit"* anführte. Critognatus soll unter anderem gesagt haben: *„Was also ist mein Rat? Das zu tun, was unsere Ahnen im Krieg gegen die Cimbern und Teutonen taten (...). Unsere Landsleute, die damals in die Städte zurückgetrieben worden waren und unter ähnlichem Mangel litten, hielten sich mit den Körpern derer am Leben, die auf Grund ihres Alters für den Krieg nicht mehr tauglich schienen, und ergaben sich den Feinden nicht."*[65]

Die in keltischen Siedlungen sehr häufig auftretenden Menschenknochen werden dennoch des öfteren als Hinweise auf Menschenfresserei gedeutet. Insbesondere das insgesamt ca. 380 ha umfassende Oppidum von Manching bei Ingolstadt in Bayern lieferte während zahlreicher Grabungskampagnen auf ca. 8,3 ha Fläche umfangreiches Knochenmaterial, das zu verschiedenen Vermutungen Anlaß gab. Ging man zunächst davon aus, daß es sich um die Überreste von Erschlagenen handelte – möglicherweise im Zusammenhang mit einer für etwa 15 v. Chr. angenommenen Zerstörung durch die Römer –, so weiß man heute, daß das Oppidum zu dieser Zeit bereits weitgehend zerfallen war. Außerdem spricht die Art der Knochenfunde gegen eine solche Theorie, da es sich überwiegend um Schädel- und Langknochenreste handelt.

Dem Anthropologen zufolge sollen die Manchinger Toten zunächst an einem dafür vorgesehenen Ort der Verwesung ausgesetzt, nach Abschluß dieses Prozesses sollen ihnen die Extremitäten abgetrennt und den Knochen dann die Endstücke oder Gelenkköpfe (Epiphysen) abgeschlagen worden sein. Ein ausgewählter Teil der Knochen sei in die Siedlung gebracht, dort rituell bestattet und von den herumstreunenden Hunden wieder ausgegraben und benagt, das restliche Skelett verbrannt worden.[66] Das Modell geht davon aus, daß die reguläre Bestattungsform der Spätlatènezeit in diesem Gebiet die Brandbestattung gewesen sei – eine Annahme, die durch die wenigen bekannten Brandgräber (die zudem zuweilen tierischen Leichenbrand enthalten) nicht gestützt wird. Auch eine absichtliche, rituelle Bestattung der Knochen ist nicht belegt – eine Tatsache, die zusammen mit dem Tierfraß hinsichtlich der Deutung als Bestattungen bei vielen Forschern Widerspruch hervorgerufen hat.

Einige Wissenschaftler nahmen den Zustand der Knochen und ihre Auffindungssituation im Abfall zum Anlaß, davon zu sprechen, daß in Manching seinerzeit Kopfjäger und Kannibalen gelebt hätten, die einen menschlichen Oberschenkel ebenso genußvoll abnagten wie wir heute eine Schweinshaxe.[67] Auch dieses Modell ist jedoch angesichts der Auswahl und des Zustands der Knochen wenig wahrscheinlich, da man dann annehmen müßte, daß die Kannibalen ihre Opfer außerhalb der Siedlung verzehrt und nur einen ausgewählten Teil der Knochenabfälle nach Hause gebracht hätten, um ihn dort wegzuwerfen.

Wahrscheinlicher und mit den vorhandenen Indizien am ehesten in Übereinstimmung zu bringen ist folgendes Modell: Man hat die Verstorbenen an einem dafür vorgesehenen Ort nicht nur verwesen lassen, sondern sie auch zerlegt, um Fleischfressern den Zugang zu erleichtern und den Entfleischungsprozeß zu beschleunigen. Dies erklärt zum einen die Fraßspuren, die dann hier und nicht erst in der Siedlung entstanden, und zum anderen das Fehlen der Epiphysen, die bereits beim Zerlegen der Leichen in Mitleidenschaft gezogen worden sind.

So ist etwa aus Tibet neben Kremation, Wasser- und Erdbestattung eine Bestattungsform bekannt, bei der man den Körper Tieren, meist Vögeln, überläßt. Zuvor werden die Eingeweide entfernt, der Körper wird zerlegt und das Fleisch von den Knochen gelöst. Nur die Körper der Verdammten, so der Glaube, werden von den Vögeln gemieden.

Möglicherweise hat man sich die in Manching üblichen Bestattungspraktiken eben in ähnlicher Weise vorzustellen. Dort wurden nach einiger Zeit die Knochen am Entfleischungsplatz aufgesammelt, wobei sich die Auslese nach Größe, Erhaltung und Auffälligkeit richtete – am häufigsten die Schäfte der großen Langknochen, am seltensten die kleinen Knochen, eine Annahme, die mit der tatsächlichen Zusammensetzung des in Manching gefundenen Materials am ehesten in Einklang steht. Die Wahrscheinlichkeit, daß ein solcher Entfleischungsplatz archäologisch feststellbare Spuren hinterläßt, ist gering. Die Köpfe hat man vielleicht sofort mitgenommen, um sie einer speziellen Behandlung zu unterziehen, so daß es sich bei einem Teil der in Manching gefundenen Schädelreste nicht um Trophäen handeln würde, vielleicht aber auch vor Ort belassen. Die Knochen könnten eine Zeitlang in den Häusern aufbewahrt worden sein, bevor sie ihre Bedeutung verloren und in den Abfall gelangten. Demnach hätten wir es hier mit Zeugnissen für zwei- oder mehrstufige Bestattungsrituale zu tun, die jedoch aus dem Material selbst gewissermaßen nur indirekt zu erschließen sind.

Immer wieder hat sich bei dem kurzen Blick auf eine kleine, aber typische Auswahl vorgeschichtlicher Befunde gezeigt, daß mehr in ihnen steckt, als ihre allgemein verbreitete Deutung als Menschenopfer und Kannibalenmahlzeit vermuten läßt. Insbesondere die Interpretation als Reste von Kannibalenmahlzeiten erscheint oftmals weit hergeholt und schlecht begründet. Sie stellt zwar zuweilen eine von mehreren Möglichkeiten dar, meist aber nicht diejenige, die mit allen bekannten Fakten am ehesten übereinstimmt.

Die allgemein üblichen Deutungen waren getragen von der Vorstellung, daß unsere Vorfahren mit ihren Verstorbenen so umgegangen sind, wie wir heutzutage mit unseren, und daß sie zudem Menschen opferten und Kannibalismus praktizierten. Die Betrachtung der Befunde selbst hat gezeigt, daß diese Vorstellung nicht stimmen kann: Der Umgang mit den Toten und ihren materiellen Überresten war zeitweise sehr intensiv, und ein Teil von ihnen blieb entweder längere Zeit – in Form von Knochen – Mitglied der Gemeinschaft, oder wurde nach Abschluß der Trauerphase umgebettet.

Der Verlust von Angehörigen und Mitgliedern der Gemeinschaft, also der Tod, ist die tiefgreifendste Erfahrung des Menschen und vielleicht der Ursprung seiner Religiosität. Die mit diesem Bereich verbundenen Handlungen haben wohl die meisten der der kultischen oder religiösen Sphäre zuzuordnenden Spuren im archäologischen Material hinterlassen. Von den eigentlichen Riten für die Verstorbenen ist uns natürlich sehr wenig überliefert, wir können nur aus den geringen materiellen Überresten Rückschlüsse ziehen, die helfen, die damaligen Gesellschaften und ihre sozialen Beziehungen zu rekonstruieren. Einige Befunde zeigen uns, daß es keine friedlichen Gesellschaften waren – Kriege, Kämpfe, Gemetzel, Kopf- und Trophäenjagd haben ebenso ihre Spuren im Material hinterlassen wie ein- und mehrstufige Bestattungsrituale.[68]

Ob sich dennoch einige Befunde auch als Hinweise auf gewohnheitsmäßige Menschenfresserei interpretieren lassen, hängt nicht zuletzt von der Existenz entsprechender Parallelen oder Vorbilder in antiken, mittelalterlichen und neuzeitlichen Quellen ab. Diesen wollen wir uns im folgenden zuwenden.

II. Antike und Mittelalter – Die dunkle Seite des „Goldenen Zeitalters“

Im ersten Zeitalter der Geschichte, dem goldenen, lebten die Menschen unter der Herrschaft des Kronos fern von Betrübnis, Mühen und Leid. Sie alterten nicht, sondern starben glücklich im Schlaf, und die Erde versorgte sie reichlich mit Nahrung – so erzählte jedenfalls Hesiod um 700 v. Chr. Diese paradiesischen Zustände verschlechterten sich im Lauf der weiteren Zeitalter, im silbernen, im bronzenen und im eisernen – der Gegenwart des Dichters. Immerhin findet sich zwischen den beiden letztgenannten das Heroenzeitalter, das mit dem Kampf um Troja endet. Einigen der in der Schlacht gefallenen Helden gewährt Zeus Leben und Wohnsitz fern von den Menschen am Rand der Erde: *„Und dort wohnen sie nun mit kummerentlastetem Herzen / Auf den seligen Inseln und bei des Okeanos Strudeln, / Hochbeglückte Heroen; denn süße Früchte wie Honig / reift ihnen dreimal im Jahr die nahrungspendende Erde.“*[1]

Die Inseln der Seligen oder die Elysischen Gefilde, das Paradies, später der Jungbrunnen, das Reich des Priesters Johannes und viele andere Glück verheißende Orte und Wunder sind die eine Seite der auf antiken Traditionen beruhenden mythischen Vorstellungswelt, die bis weit in die Neuzeit hinein lebendig blieb. Die andere, die dunkle Seite ist die Welt der Menschenfresser, der weit entfernt lebenden „barbarischen“ Völker, aber auch die des primitiven, quasi vorkulturellen Zustands der Menschen, sofern sie eben nicht dem „Goldenen Zeitalter“ zugerechnet wurden. So beschrieb beispielsweise der Tragiker Moschion im 3. Jahrhundert v. Chr. die ersten Menschen als Anthropophagen; sie wären vom rohesten Faustrecht beherrscht gewesen und hätten ein tiernahes Leben in Höhlen und Schluchten geführt. *„Der Leib des Nächsten, den man mordete, / Gewährte ihnen Fleisch und nährte sie.“*[2]

Ein typischer Vertreter des anthropophagen Barbaren ist der von Homer (ca. 8. Jahrhundert v. Chr.) in seiner Odyssee beschriebene einäugige Riese Polyphem: Der Kyklop nahm Odysseus und seine Gefährten gefangen, schmetterte einige von ihnen wie junge Hunde auf den Boden, zerstückelte sie Glied für Glied und verzehrte sie roh.[3] Odysseus konnte ihn jedoch überlisten und entkommen. Nicht nur Rohfleischverzehr, sondern auch Gesetzlosigkeit und das Fehlen von Ackerbau charakterisieren in den Epen Homers die Kyklopen, die sich somit dem antiken Stereotyp des Barbaren entsprechend dargestellt finden, mit dem wir uns später noch beschäftigen werden.

Zunächst soll jedoch ein Blick auf Vorstellungen über Menschenfresserei aus dem mythologischen, dem jüdisch-christlichen und dem volkskundlichen Bereich geworfen werden. Dies trägt zum Verständnis des Rahmens bei, in dem sich die abendländische Vorstellungswelt entwickelte, und die ihrerseits Beschreibungen von Fremden beeinflußte.

Mythologie, Religion und Volksglaube

Bereits Göttervater Kronos fraß seine Kinder, um seine Macht zu sichern, verschlang aber anstelle von Zeus einen Stein. Prompt besiegte ihn dieser, sobald er erwachsen war, und trat in seine Fußstapfen, denn er verschlang Metis, um die Geburt eines Sohnes und damit eines Rivalen zu verhindern, aber auch, um sich die Klugheit seiner Frau anzueignen.

Tantalos tötete seinen Sohn Pelops, kochte das Fleisch und setzte es den Göttern zum Mahl vor, um deren Allwissenheit zu prüfen. Für diese und andere Freveltaten mußte er im Tartaros mit ewigem Hunger und Durst büßen. Dem Tereus wurde sein Sohn Itys, der ihm sehr ähnlich sah, von seiner Frau und deren Schwester, die er vergewaltigt und gefangengehalten hatte, als Mahlzeit vorgesetzt. Tydeus schlürfte noch im Sterben das Gehirn seines Gegners Melanippos aus dessen Schädel, was ihn die Unsterblichkeit kostete, die Athene ihm verleihen wollte. Atreus, nach Rache dürstend, bereitete seinem Bruder Thyestes dessen eigene Kinder zum Mahl und mischte deren Blut unter den Wein – ein Geschehen, das als „thyestisches Mahl" sprichwörtlich geworden ist und religiösen und politischen Gegnern vorgeworfen wurde.

Der mythische König Lykaon, von dem die Arkader ihre Herkunft ableiteten, opferte einen Knaben – vielleicht seinen Enkel Arkas, als Sohn Kallistos „Sohn der Bärin" –, mischte dessen Reste unter das Opferfleisch und setzte dies den Göttern vor, woraufhin Zeus die eben geschlossene Tischgemeinschaft beendete, den Blitz in Lykaons Haus schleuderte und diesen selbst in einen Wolf (griech. *lykos*) verwandelte.

In der frühen griechischen Literatur wurden die Arkader als wild und primitiv dargestellt; die Krieger sollen anstelle von Schilden Wolfs- und Bärenfelle getragen haben. Um das Opfer zu Ehren des Lykäischen Zeus rankten sich viele Gerüchte: Man sprach von Menschenopfern, Anthropophagie und Werwolftum. Laut Platon (427–347 v. Chr.) erzählte man sich, daß derjenige, der von dem menschlichen Eingeweide kostete, das sich zusammen mit dem von Tieren im Opfermahl befunden haben soll, zum Wolf werden mußte, bezeichnete dies aber als Mythos und drückte damit seinen Zweifel an der Wahrheit aus. Pausanias (um 200 n. Chr.) und andere erkannten die Werwolfgeschichten als dreiste Flunkerei und als Beispiel für die Leichtgläubigkeit der Menge. Moderne Forscher wie Walter Burkert gehen davon aus, daß es Werwölfe ebenso gegeben habe wie Leoparden- und Tigermenschen, nämlich als geheime Männerbünde, *„schillernd zwischen dämonischer Besessenheit und spaßiger ‚Viecherei'."* Er interpretiert den Mythos und die mit ihm verbundenen Riten als Initiationsritual, mit dem die Heranwachsenden in die Welt der Krieger aufgenommen worden seien. Bei Ausgrabungen am Lykaion fanden sich unter den Opferresten jedenfalls keine Menschenknochen.[4]

Auch die Feste zu Ehren des Dionysos wurden mit Menschenopfern und Kannibalismus in Verbindung gebracht. Die Begleiterinnen des Gottes, die Mänaden, sollen im bacchanalischen Taumel wilde Tiere zerrissen und verschlungen haben.

Diejenigen, die ihm nicht folgen wollten, schlug er mit Wahnsinn; die Töchter des Proitos verschlangen daraufhin ihre Säuglinge und Agaue riß ihren Sohn Pentheus in Stücke. So lauten jedenfalls die mythischen Versionen. Aber auch die Riten wurden entsprechend interpretiert, berichtete doch zum Beispiel Porphyrios (234–301/5 n. Chr.), allerdings aus zweiter Hand, daß man auf Chios angeblich Menschen geopfert und zerrissen haben soll, woraus man verschiedentlich sogar folgerte, daß diese auch gegessen wurden.[5] Belege für Menschenopfer im Dionysoskult, die über derartige Gerüchte und Vermutungen hinausgehen, gibt es indessen nicht.

In der griechischen Mythologie und Literatur finden sich also vielfältige Motive und Ursachen für anthropophage Handlungen: Die Menschenfresserei beugt Unheil vor, versinnbildlicht aber auch kosmische Vorgänge (Kronos/Zeus). Sie ist Teil von Opferritualen (Lykaon) oder geschieht mit dem Ziel, den Gegner zu vernichten (Tydeus). Daneben motivieren Haß- und Rachegefühle (Atreus/Thyestes und Tereus/Itys) oder der Wunsch nach Einverleibung begehrter Eigenschaften und Fähigkeiten (Zeus/Metis) den Kannibalismus. In einigen Fällen ist er auch aus Selbstüberhebung (Tantalos), Gier oder Gewohnheit (Polyphem) geboren. Die Bewertung ist durchweg negativ, die Anthropophagie dient der Beschreibung des Grausamen, Unmenschlichen, Kulturlosen und Fluchbeladenen. Der Endokannibalismus, das Verzehren von Angehörigen – eine Sitte, die sich in antiken ethnographischen Quellen des öfteren beschrieben findet – kann hier daher nur in Form von Wahnsinn oder Unwissenheit der Essenden dargestellt werden. Auch das Motiv der Strafe klingt an, schlägt doch Dionysos diejenigen mit Wahnsinn, die ihm nicht folgen wollen.

Im Alten Testament begegnet uns die Menschenfresserei als grausame Strafandrohung Gottes gegen jene, die sich von ihm abwenden und seine Gebote nicht beachten: *„Werdet ihr mir aber auch dann noch nicht gehorchen und mir zuwiderhandeln, so will auch ich euch im Grimm zuwiderhandeln, und will euch siebenfältig mehr strafen um eurer Sünden willen, daß ihr sollt eurer Söhne und Töchter Fleisch essen.“* (3. Mose 26, 27ff.). Er wird ihnen Feinde schicken, die sie so bedrängen, daß sie gezwungen sind, ihre eigenen Kinder zu essen, Söhne, Töchter und Neugeborene samt Nachgeburt, was ausführlich geschildert wird (5. Mose 28, 53 ff.). Ihre Leichname sollen den Vögeln und Tieren zum Fraß gegeben werden, und einer soll des anderen Fleisch essen, wie es bei Jeremia heißt. Auch das Eintreffen der Strafe wird beschrieben, denn es haben die barmherzigsten Frauen ihre Kinder selbst kochen müssen, damit sie zu essen hatten in dem Jammer.[6]

Im Buch der Könige wird berichtet, daß bei der Belagerung Samarias eine große Hungersnot herrschte; um Hilfe flehend erzählte eine Frau dem König von Israel: „*Diese Frau da sprach zu mir: Gib deinen Sohn her, daß wir ihn heute essen; morgen wollen wir meinen Sohn essen. So haben wir meinen Sohn gekocht und gegessen. Und ich sprach zu ihr am nächsten Tage: Gib deinen Sohn her und laß uns ihn essen. Aber sie hat ihren Sohn versteckt.*" (2. Könige 6, 26 ff.).

Abschreckender und grausamer als mit der Metapher des Essens der eigenen Kinder läßt sich eine Warnung vor der Mißachtung der Gebote Gottes wohl kaum darstellen.

Im Neuen Testament ist der Gedanke der Rache und Strafe, das „Auge um Auge, Zahn um Zahn"-Motiv nicht mehr vorhanden. An seine Stelle treten die Ideale des Mitleids, der Barmherzigkeit und des Verzeihens. Der Sohn Gottes opfert sich selbst, und wer sein Fleisch ißt und sein Blut trinkt, der hat das ewige Leben und wird auferweckt am Jüngsten Tag. Christus lebt weiter in denen, die ihn verzehren, und sie leben in ihm. Besonders deutlich findet sich dieser Gedanke im Johannes-Evangelium (6, 48 ff.). Die Vorstellung des Essens ist transzendiert, Fleisch und Blut durch Brot und Wein ersetzt, was jedoch nichts an der zugrundeliegenden Idee der Theophagie ändert, der leibhaftigen Verspeisung des Gottes(sohnes), zumal es sich nach der Transsubstantiationslehre keineswegs um eine symbolische, sondern um eine tatsächlich vollzogene Verwandlung handelt.[7]

So wurde beispielsweise im Zusammenhang mit den Auseinandersetzungen zwischen Katholiken und Protestanten im

Frankreich des späten 16. Jahrhunderts das Dogma von der Transsubstantiation als Beweis für die menschenfresserischen Neigungen der „Papisten" angeführt, die die Gläubigen und den Gottessohn selbst aßen, und dies nicht nur symbolisch. Es hieß, daß der Papst sich von ermordeten Protestanten ernähre und die Priester Hugenotten brieten, die sie an die Bevölkerung verkauften.[8] Beschuldigungen dieser Art verwundern kaum, mußten sich doch die in Sancerre belagerten und ausgehungerten Protestanten mit Menschenfleisch am Leben erhalten – dazu jedoch später mehr.

Zu den Vorwürfen gegen Juden und „Hexen" gehörte auch die Behauptung, sie würden die geweihte Hostie und damit den Gottessohn schänden, die Hostie durchbohren und zerstückeln, bis Blut aus ihr hervorquelle. Abt Gezo von Tortona berichtete im späten 10. Jahrhundert von einem zum Christentum übergetretenen Juden, der bei seiner ersten Kommunion zu sehen meinte, wie der Priester mit bluttriefenden Händen auf dem Altar den Leib eines Mannes zerstückelte.[9] Hostienwunderlegenden wie diese, die sich im Zusammenhang mit dem Streit um das Wesen der Wandlung von Brot und Wein seit dem 11. Jahrhundert mehrten, wandelten sich nach dem Laterankonzil im Jahr 1215, also mit der Kanonisierung des Begriffs Transsubstantiation, allmählich zur Legende vom jüdischen Hostienfrevel, auf die noch einzugehen sein wird.

Im 14. und 15. Jahrhundert finden sich anthropophage Phantasien, denen Vorstellungen zugrunde liegen, wie sie insbesondere im Johannes-Evangelium dargestellt sind. So sei das ganze rote und warme Blut aller Wunden Christi durch Seuses Mund in sein Herz und seine Seele geflossen, und Katharina von Siena sei eine der Heiligen, die aus seiner Seitenwunde getrunken haben sollen. Aber auch Christi Hunger ist über alle Maßen groß, nicht nur der Hunger des menschlichen Geistes nach Gott, denn er *„verzehrt uns alle von Grund auf (...), er verzehrt das Mark aus unseren Knochen (...). Er gibt uns geistlichen Hunger, und unserer herzlichen Liebe seinen Leib zur Speise (...). Seht, also werden wir allzeit essen und gegessen werden (...).“* In einem anderen Text wird Christus mit dem

Osterlamm verglichen, und wie dieses wurde er gebraten und langsam gesotten, uns zu retten.[10]

In diesem Zusammenhang ist auch der Reliquienkult von Interesse: Nicht nur Kleidungsstücke und Gegenstände, sondern ebenso die leiblichen Überreste von Heiligen oder Geistlichen sind zu den Reliquien zu zählen, nämlich vollständige Knochengerüste, Knochenpartikel und -bruchstücke, Röhrenknochen, Schädelkalotten, Haut- und Fleischteile. So sollen zum Beispiel 1231 der aufgebahrten Elisabeth von Thüringen nicht nur Teile der um ihr Gesicht gewickelten Tücher abgeschnitten oder abgerissen worden sein, sondern ebenso Haare und Fingernägel – selbst Ohren und Brüste wurden ihr verstümmelt, um kostbare Reliquien zu gewinnen.[11] Eine höchst anschauliche Beschreibung derartiger Vorgänge findet sich in einem Bericht aus dem Jahr 1730, in dem es heißt: *„(...) alle gleichsamb in die Wett laufend, sich zur Leich hinzu machten und dieser ein Stücklein von dem Sarch, der andere von dem Hembd, andere von denen Näglen oder von den Haaren, oder gar auch Stücklein von dem Fleisch herabgezwacket und darvon getragen (...).“*[12] Das Berühren oder Benutzen von Reliquien versprach Befreiung von Schmerzen und Leid und die Übertragung des Segens und der Wunderkraft der Heiligen, so etwa, wenn berichtet wird, wie eine kranke Frau aus der Hirnschale einer exhumierten Nonne trank und daraufhin gesundete.[13]

Auch die Leichen von Hingerichteten oder bestimmte Teile von ihnen wurden als glück- und heilbringend angesehen, besonders das Blut, das gegen alle möglichen Leiden helfen sollte, vor allem gegen die „Fallsucht“ (Epilepsie). Wunderdinge erwartete man aber auch von Knochen, einzelnen Körperteilen, Haut, Fett und dem Gerät, das zum Vollzug einer Hinrichtung gedient hatte – ein Hinweis darauf, daß die Wirkkraft der Armsünderreliquien auch durch den sakralen Akt der Hinrichtung selbst und nicht nur durch den Glauben an die fortwirkende Lebenskraft des vorzeitig Getöteten bestimmt war. In einer Chronik von 1840 heißt es: *„Die Richtstätte Friedrichs war dicht an der Straße von Zwickau nach Werdau. Bereits am* *andern Morgen früh waren dem Leichnam die beiden Daumen abgeschnitten und ein Teil der Armensünderkleider abgezogen. Binnen acht Tagen aber lag der Leichnam, der Zehen und Finger sämtlich sowie aller Kleider beraubt, auf dem Rade und bot einen Skandal sonder gleichen dar, so daß die Behörde sich gezwungen sah, sofort das Begräbnis anzuordnen.*"[14] Im Jahr 1726 wurde einem gehängten Pfarrer der Bauch eröffnet und das herausgenommene Fett einem Marktschreier verkauft, und noch 1761 erscheint Menschenfett in der offiziellen Dresdener Medizinaltaxe.[15]

Bereits in antiker Zeit glaubte man, daß das Blut eben gefallener Gladiatoren oder enthaupteter Verbrecher Krankheiten heile. Von den bis in das 19. Jahrhundert öffentlich vollzogenen Hinrichtungen wird verschiedentlich berichtet, das Blut der Geköpften sei so begehrt gewesen, daß die Henkersknechte kleine Becher mit dem aus dem Halsstumpf hervorquellenden Blut füllten und an die herandrängenden Kranken verkauften, die sich nicht scheuten, es zu trinken. Versiegte der Blutstrom, wurden immer noch Tücher damit getränkt und verkauft.[16]

Die Volkskunde hat zahlreiche Belege für solche und ähnliche Vorstellungen zusammengetragen, darunter die, daß sich durch das Essen des Fleisches von schönen, starken und mutigen Tieren deren Eigenschaften übertragen. Umgekehrt drücken aber auch Verbote diesen Glauben aus, durften doch Schwangere beispielsweise keinen Hasenkopf essen, damit die Kinder von Hasenscharten verschont blieben. Das Einnehmen von Knochenasche aus dem Beinhaus oder vom Kirchhof sollte gegen Ausschlag, Geschwüre oder Epilepsie helfen, unter Zaubersprüchen zubereitetes Menschenknochenpulver gegen Gicht, gegen Fieber dagegen zu Pulver verbranntes Fleisch, das einem Gehängten an einer „unnennbaren" Stelle abgeschnitten worden war. Abschabsel vom Schienbein eines toten Mannes, in ein Getränk gemischt, bewirken das Geständnis eines Diebes, und Knochen von Hingerichteten im Geldbeutel bringen dem Kaufmann Glück. Diese wenigen Beispiele, die sich um viele weitere vermehren ließen, mögen hier genügen.

Festzuhalten bleibt, daß anthropophage Vorstellungen und Handlungen in der europäischen Geisteswelt tief verwurzelt und mit verschiedenen Motiven verbunden sind. Der Bogen spannt sich von wirklicher Menschenfresserei, die bei Hungersnöten zumindest als – wenn auch verabscheute – Möglichkeit existierte, über den Glauben an die Übertragung von Eigenschaften und an das Weiterleben der Kräfte von Toten bis hin zu Handlungen aus Rache und Haß, soll man doch beispielsweise 1617 in Paris Leber und Lunge von Marschall d'Ancre und im Haag 1672 das Herz von de Wit gefressen haben.[17] Sämtliche Motive, die für fremde Völker als Begründung kannibalischer Handlungen angegeben wurden, waren nicht neu und unbekannt, sondern existierten auch in der abendländischen Vorstellungswelt oder gar Praxis. Somit stand ein umfangreiches Instrumentarium zur Verfügung, das der Beschreibung „primitiver" Sitten dienen konnte.

Und nicht ohne Grund findet sich besonders in der Literatur des späten 19. Jahrhunderts häufiger die Gleichsetzung von „niederen Volksschichten" mit „Wilden", mußte man sich doch offenbar von den als abergläubisch bezeichneten Vorstellungen distanzieren, die den „zivilisierten" Europäer allzu sehr in die Nähe der als primitiv beschriebenen Völker anderer Länder rückten. Der christlich-orthodoxe Wunder- und Reliquienglaube dagegen wurde mystifiziert und auf eine andere, höhere Ebene gestellt, die mit der Gedankenwelt der „Primitiven" nicht das geringste zu tun hatte. Dies war Folge der grundsätzlich negativen Bewertung der Anthropophagie, die in der europäischen Geisteswelt ebenfalls tief verwurzelt ist, und Ausdruck des Unbehagens darüber, daß die Distanz zwischen „Ihnen" und „Uns", wenn man genauer hinsah, so groß nicht war.

Fremde in der Ferne: Hundsköpfige, Schattenfüßler und Menschenfresser

Die bereits im Zusammenhang mit Homers Schilderung des Kyklopen Polyphem angesprochenen charakteristischen Merkmale der Barbaren, in der ursprünglichen Bedeutung „Stammler", unvertraut mit der (griechischen) Sprache und Sitte und daher roh und ungebildet, finden sich mit Variationen in den Beschreibungen anderer Völker bis weit in die Neuzeit hinein. Deren vermeintliche Wildheit und Roheit wächst mit steigender Entfernung und fallendem Bekanntheitsgrad bis zur völligen mythischen Verfremdung, wenn die äußersten Randbereiche der jeweils bekannten Welt mit Monsterwesen wie Hundsköpfigen, Schattenfüßlern, Einäugigen oder Kopflosen bevölkert werden.

Wenden wir uns zunächst Herodot (ca. 484–424 v. Chr.) zu, dem „Vater der Geschichtsschreibung", in dessen *Historien* (Bücher I–IX) sich die verschiedenen Stufen der „Wildheit" gut verfolgen lassen – bis hin zu Monsterwesen, an deren Existenz er zwar nicht glaubte, sie aber dennoch erwähnte und damit für deren Überlieferung sorgte.

Über die Sitten und Gebräuche der „Skythen", ein Begriff, mit dem allgemein Völker nördlich des Schwarzen Meeres bezeichnet wurden, ohne sie genauer bestimmen zu können,[18] wußte Herodot (IV, 59ff.) Genaueres zu berichten. Bemerkenswert ist zunächst die von ihm vorgenommene Unterteilung der skythischen „Stämme" in Nomaden und Ackerbauern, bei denen er wiederum diejenigen, die ihr Getreide selbst essen von denjenigen trennte, die es nur für den Handel anbauen – auf dieser Grundlage werden gewissermaßen verschiedene Stufen der Barbarei innerhalb der skythischen Welt definiert. Er beschrieb ihre Götter, wobei er sie mit griechischen gleichsetzte, ihre Opfersitten und Kriegsbräuche, die Arten der Wahrsagerei, die Bestattungssitten, Schwitzbäder, den Gebrauch von Hanf und ihre Weigerung, fremde Sitten anzunehmen, namentlich hellenische. Herodot zufolge trank ein Skythe,

Abb. 5: Einige Vertreter der „monströsen Völker“ (Holzschnitt 1554)

wenn er seinen ersten Feind getötet hatte, von dessen Blut. Die Köpfe derjenigen, die in der Schlacht durch ihn gefallen waren, brachte er dem König, damit er selbst seinen Beuteanteil erhielt – die Kopfhaut wurde abgezogen, gegerbt und an die Pferdezügel gebunden, zudem als Handtuch gebraucht. Einen Freundschaftsbund besiegelte man, indem Blut der beiden, die den Bund schlossen, in Wein gemischt und dieser dann getrunken wurde.

Die Sitten der Massageten im Gebiet des Kaspischen Meeres waren Herodot zufolge schon weniger „zivilisiert“, denn bei ihnen sollen alte Menschen zusammen mit Opfertieren geschlachtet, gekocht und gegessen, die an einer Krankheit Gestorbenen dagegen begraben worden sein. Ferner berichtete er, daß zwar jeder Mann eine Frau nehme, sie sich die Frauen aber trotzdem gemeinschaftlich teilen, denn wenn es *„einen Massageten nach einem Weib gelüstet, hängt er seinen Bogen an ihren Wagen und schläft ohne weiteres mit ihr.“* Hier dürften sich wohl eher ein Wunschdenken der Informanten und ein gängiges Stereotyp spiegeln als soziale Realität. Das Land wurde zudem nicht bebaut, man lebte von Herdenvieh und von Fischen (I, 216).

Identisches überlieferte er von den Sitten der Issedonen, bei denen die Verwandten den toten Vater angeblich zusammen mit geschlachtetem Vieh verzehrten; der Schädel sei gereinigt und vergoldet worden. Frauen und Männer hätten die gleichen Rechte gehabt (IV, 26). Aufgrund der starken Ähnlichkeit der Beschreibungen wurde vermutet, daß es sich bei Massageten und Issedonen möglicherweise um dasselbe Volk handelte und die Berichte nur von verschiedenen Informanten kamen. Sie stammen jedenfalls aus zweiter oder dritter Hand und dürften kaum auf Erzählungen von Augenzeugen beruhen.

Nördlich von den Issedonen sollen die einäugigen Menschen, die Arimaspen, und die goldhütenden Greife wohnen. Diese Nachricht sei von den Issedonen über die Skythen zu den Griechen gedrungen (IV, 27). Herodot stand dem jedoch skeptisch gegenüber, denn er glaubte nicht, daß es überhaupt einäugige Menschen gebe, die *„im übrigen ebenso aussehen wie andere Menschen.“* (III, 116).

Noch barbarischer als die Sitten der Massageten sollen die der nomadischen Padaier in Indien gewesen sein, die sich zudem von rohem Fleisch ernährten. Wurde ein Stammesmitglied krank, so Herodot, töteten ihn die nächsten Freunde und Verwandten, auch wenn er seine Krankheit ableugnete. *„Und wer alt wird, den opfert man feierlich und verzehrt ihn ebenfalls. Doch bringen es nicht viele bis zum Alter. Die meisten werden schon vorher, bei Gelegenheit einer Krankheit, getötet.“* (III, 99). Die Padaier sollen sich wie das Vieh in aller Öffentlichkeit begatten und schwarz sein wie die Äthiopier – eine Sammelbezeichnung, die bis in das 18. Jahrhundert allgemein für schwarzhäutige Afrikaner verwendet wurde. Auch *„der Same, den sie an die Weiber abgeben, ist nicht weiß wie bei den anderen Völkern, sondern schwarz wie ihre Haut. Die Äthioper haben ebenfalls schwarzen Samen.“* (III, 101).

Das roheste Leben von allen Völkern hätten jedoch die Androphagen (*androi* = Männer, *phagein* = essen) geführt, denn ihnen fehlten Rechtspflege und Gesetze – in den Augen der Griechen ein fürchterlicher Mangel. Sie sollen nördlich der Ackerbauskythen hinter einer großen Wüste wohnen und Nomaden sein, eine eigene Sprache haben und Menschenfleisch verzehren (IV 18, 106).

Herodot bemühte sich immerhin um Verständnis für fremde Sitten, denn jedes Volk sei davon überzeugt, daß seine Lebensformen die besten sind. Als Beispiel führte er eine Befragung durch den persischen König Dareios an, der die Griechen an seinem Hof zu sich rufen ließ und sie fragte, um welchen Preis *„sie sich bereit erklären würden, ihre toten Väter zu verspeisen. Sie erwiderten, um keinen Preis. Darauf ließ er Kallatier rufen, einen indischen Volksstamm, bei dem die Leichen der Eltern gegessen werden, und fragte in Gegenwart der Hellenen mit Hilfe eines Dolmetschers, um welchen Preis sie zugeben würden, daß man die Leichen ihrer Väter verbrenne. Sie schrieen laut und sagten, er solle solche gottlosen Worte lassen. So steht es mit den Sitten der Völker (...).“* (III, 38). Diese Erzählung ist vor allem deshalb interessant, weil sie neben dem eingangs erwähnten Bemühen um Verständnis auch eine geschickte Vorgehensweise bei der Vermittlung bestimmter Informationen zu erkennen gibt: Den Kallatiern wird lediglich unterstellt, ihre Eltern zu verspeisen, gefragt werden sie nach ihrer Meinung zum Verbrennen der Leichen – eine Bestattungssitte, die sie ablehnen, ohne die bei ihnen gebräuchliche Form zu erwähnen. Dennoch wird, durch die vorangestellte Frage an die Griechen und die Unterstellung, daß sie ihre Eltern essen, der Eindruck vermittelt, die Information über den Endokannibalismus der Kallatier stamme von diesen selbst – eine Vorgehensweise, die immer wieder festzustellen ist, und zwar bis in das 20. Jahrhundert hinein. Doch wenden wir uns nun wieder der völkerkundlichen Darstellung Herodots zu:

Den westlichen Teil Libyens beschrieb er als bergig, waldreich und voller Tiere: Neben Riesenschlangen, Löwen, Elefanten und anderen Tieren gebe es dort auch Leute mit Hundeköpfen und ohne Kopf, Tiere mit den Augen auf der Brust – *„so erzählen wenigstens die Libyer“* –, wilde Männer und

Frauen und viele andere Tierarten, die nicht fabelhaft seien sondern wirklich (IV, 191). In einem anderen Gebiet sollen höhlenbewohnende Äthiopier leben, die sehr schnellfüßig seien und sich von Schlangen, Eidechsen und ähnlichen Kriechtieren ernähren (IV, 183).

Fassen wir zusammen: Neben Monstern, von denen Herodot wohl eher mit einem „Augenzwinkern" sprach, finden sich an den Rändern der bekannten Welt letzte Vertreter des urzeitlichen Barbarentums, nämlich Sammler-, Jäger- und Fischergruppen, die sich von rohen Nahrungsmitteln ernähren und zum Teil Endokannibalen sind, wie die Padaier, die ihre Kranken töten und sich zudem wie das Vieh begatten, oder die Androphagen, die Menschenfresser sind und weder Recht noch Gesetze kennen. Etwas „zivilisierter" erscheinen die viehzüchterischen Libyer, Massageten und Skythen, die sich bereits von gekochtem Fleisch ernähren und schon im Besitz entwickelter Kulturgüter wie der Metallverarbeitung sind. Allerdings ist ihnen der Ackerbau fremd, und sie pflegen noch „primitive" Sitten wie Promiskuität und Endokannibalismus, jedoch in abgemilderter Form, da sie ihre Verwandten nicht mehr anläßlich einer Krankheit töten. Auch die Promiskuität ist bereits bestimmten Regeln unterworfen, begatten sie sich doch nicht mehr in aller Öffentlichkeit wie das Vieh, sondern abgesondert in einem Wagen. Die nächste Stufe bilden die Ackerbau treibenden Gruppen der libyschen und skythischen Barbarenwelt und den Abschluß dann die Hochkulturvölker des Mittelmeerraums.

Der Beschreibung der verschiedenen Völker liegt nicht nur das Bemühen um ethnographische Darstellung zugrunde, sondern vor allem die Darstellung eines bestimmten Weltbildes, in dessen Zentrum die Griechen und vergleichbare Völker stehen, um die sich kreisförmig immer primitivere Stämme gruppieren, bis sich der Blick im Unbekannten, das zur Fabelwelt wird, verliert. Je mehr man sich dem Randbereich des Bekannten nähert, umso spärlicher und unsicherer werden die Nachrichten, umso weniger werden sie aber auch hinterfragt oder in Zweifel gezogen.

Hekataios von Milet (um 500 v. Chr.) lokalisierte an den Rändern der bekannten Welt im Westen die Kelten, im Norden die Skythen, im Osten die Inder und im Süden die Äthiopier. Darüber hinaus sprach er von Fabelvölkern wie den Schattenfüßlern, den glücklichen und langlebigen Hyperboreern und den einäugigen Arimaspen. Herodot lehnte derartige Vorstellungen ab und bezeichnete sie als nicht zu kontrollierende Erzählungen und Phantasien, was seine Nachfolger jedoch nicht daran hinderte, die von ihm und von anderen überlieferten Angaben als ethnographische Tatsachen zu behandeln. Die Informationen über anthropophage und promiskuitive Sitten der Massageten, Padaier und anderer „Völker" waren allerdings von vergleichbarer Qualität, denn auch sie beruhten auf Gerüchten, Hörensagen und Phantasien, entsprachen jedoch Herodots Erwartungen hinsichtlich barbarischer Verhaltensweisen und wurden daher von ihm weniger kritisch aufgenommen.

Dem skeptischen Verhalten Herodots bezüglich der Erzählungen von Monstervölkern sind nur wenige gefolgt, so zum Beispiel Strabon, der sie als Lügen bezeichnete. Die monströsen Rassen, die noch um einige Vertreter ergänzt wurden, aber auch die Androphagen, später dann Anthropophagen, die Amazonen, die Hyperboreer und weniger mythische Vertreter der Barbaren wurden bis weit in die Neuzeit beschrieben und an verschiedenen Orten der Erde „angesiedelt". Sie waren ein fester Bestandteil antiker, mittelalterlicher und frühneuzeitlicher Ethnographie. Geschwänzte und Hundsköpfige „überlebten" gar bis in das 19. Jahrhundert im unbekannten Inneren Afrikas, wie wir noch sehen werden.

Ktesias beschrieb im 4. Jahrhundert v. Chr. Indien und siedelte dort unter anderen die Skiapoden mit nur einem sehr großen Fuß, die Hundsköpfigen, die keine artikulierte Sprache gebrauchen, sondern bellen, kopflose Menschen, das Einhorn und die goldhütenden Greife an, ferner den Martikhora, einen „Menschenesser" mit Menschengesicht, einem Löwenkörper und dem Schwanz eines Skorpions. André Thevet beschrieb 1571 in seinem Werk *Cosmographie universelle* ein ähnliches Monster, allerdings ohne Schwanz, das er angeblich selbst sah und auch abbildete. Was immer er gesehen hatte, zur Beschreibung benutzte er die überlieferte Vorstellung vom Martikhora. Das Monster findet sich auch auf der berühmten *Hereford-Karte* aus dem späten 13. Jahrhundert.[19]

Megasthenes, der 303 v. Chr. an den Hof Chandraguptas gelangte, gab erstmals eine genauere Beschreibung Indiens, seiner Geographie, Bevölkerung, Institutionen und Erzeugnisse. Neben realistischen Zügen der Darstellung verwendete er auch gängige Klischees, wie den Rohfleischverzehr der ersten Menschen, und altbekannte Wundergeschichten, wie die von den goldgrabenden Ameisen, die bereits Herodot erwähnte (III, 102). Er erzählte von den glücklichen Hyperboreern, die tausend Jahre leben, von den Mundlosen, die sich nur vom Geruch der Speisen ernähren, von den Einäugigen, den Langohrigen und den später Antipoden genannten Menschen, deren Füße nach hinten gerichtet sind.[20]

Mitte des 1. Jahrhunderts berichtete Pomponius Mela, daß die Küsten Libyens von Menschen bewohnt seien, die im wesentlichen römische Lebensgewohnheiten angenommen hätten. Das – zu dieser Zeit unbekannte – Binnenland dagegen sei von Troglodyten (Höhlenbewohnern) bevölkert, die sich von Schlangen nähren. Außerdem fänden sich dort kopflose Menschen mit dem Gesicht auf der Brust und Ägipanen (bocksbeinige Pansgestalten). Auf Inseln im nördlichen Ozean sollen Pferdefüßige leben, ferner Menschen mit Ohren, die so riesig seien, daß sie ihren ganzen Körper umgeben und ihnen als Kleidung dienen. „*So finde ich es, von den märchenhaften Darstellungen abgesehen, auch bei Autoren, denen zu folgen kein Grund zur Scham wäre.*“[21] Wie zu erwarten, beschrieb er auch die Anthropophagen und die Issedonen. Die Germanen bezeichnete er als so wild und unzivilisiert, daß sie sogar rohes Fleisch genießen. Auch Plinius (23–79 n. Chr.) nahm alle bekannten Fabelwesen in seine *Naturgeschichte* auf, ebenso die Anthropophagen, die nördlich des Borysthenes (Dnjepr) leben und aus Menschenschädeln trinken sollen.

Im Werk des Solinus, einem Autor des 3. Jahrhunderts, fehlen die genannten Monster gleichfalls nicht. Er berichtete auch über die Anthropophagen, die Essedonen (Issedonen) und die Neurer, von denen bereits Herodot sprach (IV, 105) – sie sollen sich für eine bestimmte Zeit wahrhaftig in Wölfe verwandeln. Die Anthropophagen, so Solinus, ernähren sich abscheulicherweise von Menschenfleisch und leben in einer trostlosen Einöde, da ihre Nachbarn aus Furcht vor der schrecklichen Sitte dieses ruchlosen Volkes ihre Wohnsitze in der Umgebung verlassen hätten. Zu den Menschenfressern in Asien zähle man auch die Essedonen, bei denen es Sitte sei, die Körper der Verstorbenen mit den Zähnen zu zerreißen und sie zusammen mit Tierfleisch zum Festschmaus herzurichten. Die Schädel jedoch fasse man in Gold und benutze sie als Trinkgefäße.[22]

Diese Völker, die bereits auf eine Geschichte von weit mehr als einem halben Jahrtausend zurückblicken können, haben sich seit Herodots Zeiten offenbar weder geographisch noch hinsichtlich ihrer Sitten verändert, sieht man von einigen wohl auf Solinus selbst zurückgehenden phantastischen Details ab, wie dem Zerreißen der Toten mit den Zähnen – eine praktisch gar nicht durchführbare Handlung.

Festzuhalten bleibt, daß die in den antiken Quellen vorhandenen Aussagen zur Menschenfresserei nicht sehr zahlreich und wenig differenziert sind, und daß sie sich auf die zu dieser Zeit weitgehend unbekannten Völker beziehen: Stämme am Schwarzen Meer, in Mittelasien, im afrikanischen Binnenland und in Irland, wie die im letzten Kapitel zitierten Berichte von Diodor und Strabon zeigen. Menschenfresserei wird im Zusammenhang mit anderen, zum Stereotyp des Barbaren gehörenden Verhaltensweisen und Organisationsformen beschrieben, wohingegen spezifische Angaben zu den Lebensumständen und Gebräuchen fehlen. Die schrecklichsten Barbaren sind die Menschenfresser, die wahllos jeden verspeisen; weniger ruchlos erscheinen dagegen die Sitten der Endokannibalen, die aus Liebe handeln – Unterschiede zeigen sich bei ihnen in der Praxis, je nachdem, ob die Menschen getötet wurden oder alt werden und sterben durften, bevor man sie verzehrte. Dieses negative Stereotyp ist bis in die Neuzeit zu verfolgen und gehört neben dem „Guten Wilden", den monströsen Völkern und den Wundergeschichten zum klassischen Erbe. Mit der Entfernung von der vertrauten Welt steigt die Erwartung, Völker mit zunehmend wilden und merkwürdigen Sitten anzutreffen, und ebenso die Bereitschaft, Informationen weniger kritisch aufzunehmen und sie nicht mehr auf ihre Herkunft und Glaubwürdigkeit zu prüfen. Bei der Bestimmung fremder Völker als Kannibalen dürfte diese Erwartungshaltung eine große Rolle gespielt haben – Barbaren oder Wilde mußten eben auch entsprechende Sitten haben.

An der Wende vom 4. zum 5. Jahrhundert wußte der Kirchenlehrer Hieronymus zu berichten, daß sich britische Attacoten, die er in seiner Jugend in Gallien gesehen habe, von Menschenfleisch ernähren und das Gesäß von Knaben sowie Frauenbrüste als Leckerbissen bevorzugen, obwohl es in den Wäldern Herden von Schweinen, Schafen und Rindern gebe. Da überrascht es nicht, daß er ihnen auch promiskuitive Sitten unterstellte.[23] Dem Zeugnis des Schweizer Mönches Notker Labeo zufolge sollen die heidnischen Wilzen noch im 10. Jahrhundert ihre Eltern gegessen haben.[24]

In anderen Ländern waren dagegen europäische Reisende dem Kannibalismus-Verdacht ausgesetzt: So hielten beispielsweise die Chinesen die Portugiesen für Barbaren und verdächtigten die Mitglieder einer der ersten portugiesischen Delegationen in Kanton, die sich nicht angemessen zu benehmen wußten, sie würden die Kinder vornehmer chinesischer Familien rauben, um sie zu braten und zu verspeisen.[25] Der arabische Gelehrte Ibn Khaldun äußerte sich im 14. Jahrhundert im Zusammenhang mit seiner Theorie des Klimaeinflusses auf den Menschen über die Neger dahingehend, daß sie sich in ihren Sitten und Gebräuchen sehr denjenigen der gewöhnlichen Tiere nähern sollen, denn man sagt, *„daß die Mehrzahl der Neger, welche die erste Klimazone bewohnen, in Höhlen und morastigen Wäldern, die auch den Löwen als Schlupfwinkel dienen, hausen, daß sie sich von Kräutern nähren, in barbarischer Vereinzelung leben und sich gegenseitig aufessen.“*[26] Vorstellungen dieser Art erscheinen bereits vertraut und zeigen, daß sie nicht auf die europäische Welt beschränkt waren.

Die klassischen Anthropophagen finden sich auf mittelalterlichen Weltkarten, bei denen die Lokalisierung von Monstern und Wundern zum gewöhnlichen Repertoire gehörte, so etwa auf der bereits erwähnten *Hereford-Karte* aus dem 13. Jahrhundert: In Indien werden Skiapoden, Pygmäen und hundsköpfige Giganten, Mundlose, der Martikhora und das Einhorn angesiedelt; nördlich von Indien, in Skythien sowie den angrenzenden Gebieten, leben Pferdefüßige, Langohrige, Anthropophagen und Hyperboreer, Arimaspen und Greife, in Äthiopien Satyrn, Langlippige und Kopflose. Sie tauchen in geographischen und naturgeschichtlichen Werken auf, so zum Beispiel in Thomas von Cantimprés *De natura rerum* aus dem 13. Jahrhundert mit einem Kapitel, das den monströsen Menschen gewidmet ist und in einem Manuskript aus dem 15. Jahrhundert neben Kopflosen auch den Anthropophagen zeigt, der – in zeitgenössischer Kleidung – ein nacktes menschliches Wesen verschlingt. Roger Bacon erwähnte im geographischen Teil seines *Opus Majus* die Hyperboreer, die Amazonen und das Königreich des Priesters Johannes, auf das noch einzugehen sein wird. Die Nilquellen lokalisierte er im Paradies.[27]

Augustinus hatte im 5. Jahrhundert in seinem Werk *Der Gottesstaat* (XVI, 8) auch die Frage der Existenz und der Abstammung der monströsen Rassen erörtert: Wenn sie existieren und menschlich sind, so stellte er fest, dann müssen sie wie alle Menschen von Adam und nicht von Noah abstammen. Der Mensch hätte kein Recht, über sie zu urteilen, denn nur Gott wüßte, warum sie existieren. Er vermutete, daß Gott die fabulösen Rassen erschaffen hätte, damit wir nicht annehmen, die unter uns auftretenden Mißgeburten seien Fehlschläge seiner Weisheit. Diesen Überlegungen folgte man:

Nach Isidor Hispalensis (ca. 570–636) waren Monstrositäten, sowohl Mißgeburten als auch Rassen, ein Teil der Schöpfung und nicht gegen die Natur. Im folgenden Jahrhundert hielt Paulus Diaconus (ca. 720–799) die Existenz von Hundsköpfigen für glaubhaft und zitierte die ihnen zugeschriebene Sitte, während des Kampfes, den sie mit äußerster Hartnäckigkeit führen sollen, Menschenblut zu sich zu nehmen – entweder das der Feinde oder ihr eigenes. Die Amazonen, so vermutete er, seien inzwischen zum größten Teil ausgestorben, jedoch hielt er es für möglich, daß sich einige von ihnen im hintersten Germanien erhalten haben könnten. Dicuil sprach Anfang des 9. Jahrhunderts von Pferdefüßigen und Schlappohren, die auf entlegenen Inseln im Nordmeer leben sollten.[28]

Adam von Bremen schließlich entwarf im 11. Jahrhundert in seiner *Bischofsgeschichte der Hamburger Kirche* eine besonders interessante Beschreibung sagenumwobener Landstriche jenseits der ihm bekannten Welt, jenseits von „Schweden", das im Osten die „riphäischen Berge" berühre, *„wo ungeheure Einöden, sehr tiefer Schnee und Heerden menschlicher Ungeheuer den Zutritt wehren. Dort sind Amazonen, dort Hundsköpfige, dort Kyklopen (...), die ein Auge an der Stirn haben. Da sind auch die, welche Solinus Himantopoden nennt, die auf einem Fuße hüpfen und jene, die an menschlichem Fleische als Speise Behagen finden und daher ebenso gemieden, als mit Recht unbesprochen bleiben."* Insbesondere die Amazonen faszinierten ihn – sie sollen entweder durch den Genuß von Wasser schwanger werden, von gelegentlich vorbeikommenden Handelsleuten, von Gefangenen, die sie bei sich hätten, oder aber von Ungeheuern, die dort nicht selten seien, *„und dies halte ich auch für glaubwürdiger."* Die weiblichen Geburten sollen sich zu wunderschönen Mädchen entwickeln, die den Umgang mit Männern verschmähen und sie bekämpfen, die männlichen dagegen zu Hundsköpfen: *„Hundsköpfe aber sind Wesen, die den Kopf an der Brust haben. In Rußland sieht man sie oft als Gefangene, und sie bellen die Worte mit der Stimme hervor."* Hier scheint er Kopflose und Hundsköpfige in einen Topf geworfen zu haben – beide wurden gewöhnlich in Indien oder Äthiopien angesiedelt, was zur damaligen Zeit geographisch kaum unterschieden wurde. Ferner sollen in der hier beschriebenen Gegend auch bleiche, grüne und hochwüchsige Menschen leben, die man Husen nenne, weiterhin die Alanen oder „Wizzi", grausame Vielfraße, deren Land von Hunden geschützt werde, und endlich jene, die Anthropophagen heißen und Menschenfleisch essen – auch sie sind offenbar inzwischen „gewandert", nicht nur die Kopflosen und die Amazonen. Jedenfalls seien dort *„noch sehr viele andere Ungeheuer, welche die Seefahrer nach ihren Erzählungen oft gesehen haben wollen, obwohl es von den Unseren kaum für glaublich gehalten wird.“*[29] Immerhin sind wohl nicht alle Fabelgeschichten für glaubwürdig gehalten worden, die meisten aber sehr wohl, und zwar noch für eine lange Zeit.

Für das mittelalterliche Wissen über den Osten und Indien war der *Alexander-Roman*, vermutlich Ende des 3. Jahrhunderts in griechisch verfaßt und im 4. und 10. Jahrhundert ins Lateinische übertragen, die wohl wichtigste historische Quelle, die seit dem 12. Jahrhundert in zahlreichen Versionen und Übersetzungen existierte.[30] Alexander der Große (356–323 v. Chr.), der auf seinen Feldzügen bis nach Indien, bis an den Rand der damals bekannten Welt gelangte, begegnete dort vielen merkwürdigen Völkern, darunter den Einäugigen und den Kopflosen – so lautete jedenfalls die Überlieferung.

Der mittelalterlichen Legende zufolge hatte Alexander die furchterregenden Völker Gog und Magog, die nach der Offenbarung des Johannes (20, 7–9) am Ende der Zeit im Dienst des Antichristen über die Menschheit hereinbrechen werden, durch die Errichtung einer riesigen Mauer in den Karpaten am Vordringen gehindert. Die Angehörigen dieser Völker seien von schreckenerregender Körpergestalt, ihre *„Gesichtszüge sind wild, ihre Augen zornerfüllt, ihre Hände räuberisch, ihre Zähne blutrünstig und ihre Kehlen sind jederzeit bereit, Menschenfleisch zu verschlingen und Menschenblut zu saugen.“*[31] Diese furchtbaren Horden wurden nach und nach mit all jenen Völkern identifiziert, die die Christenheit in ihrer Existenz bedrohten, so mit den Hunnen und den Mongolen, aber auch mit den Juden, den verlorenen Stämmen Israels. In einem Blockbuch aus der Mitte des 15. Jahrhunderts heißt es, daß Boten im Namen des Antichristen ausgesandt worden seien, die den absonderlich gestalteten Bewohnern Indiens predigen sollten sowie *„der Künigin von Amason und den roten Juden, die der groß allexander in den gepirgen Caspie beschlossen het.“* Sie ernährten sich von Aas, aus dem Mutterleib gerissenen Embryos, Menschenfleisch und anderen schrecklichen Dingen.[32] In seiner Bibelübersetzung merkte Luther an: „*GOG. Das sind die Türcken / die von den Tattern herkomen / und die roten Jüden heissen.*“ Türken, Mauren, Sarazenen und Juden waren also im Grunde eins und in jedem Fall des Teufels.[33]

Um die Mitte des 12. Jahrhunderts entstand ein Brief des bereits mehrfach erwähnten legendären Priesters (Presbyters) Johannes an Manuel Comnenus, den Kaiser von Konstantinopel, Friedrich I. Barbarossa und Papst Alexander III. – der Verfasser ist nicht bekannt. Erste „konkrete“ Hinweise auf das Reich des Presbyters, eines mächtigen christlichen Herrschers in Asien inmitten von Heiden, gab die vor 1158 abgeschlossene Chronik des Bischofs Otto von Freising, nach der Johannes den Christen im Heiligen Land zu Hilfe kommen wollte, jedoch durch widrige Umstände daran gehindert worden sei. Der Brief enthielt das gesamte, nicht zuletzt dem *Alexander-Roman* entnommene mittelalterliche Wissen über Indien, seine Tiere, Monster und Wunder, wurde als authentisch angesehen, in mehrere Sprachen übersetzt und ausgeschmückt. Er erweckte Hoffnungen auf Unterstützung im Kampf gegen die Sarazenen und war möglicherweise darauf gerichtet, die nach dem Verlust von Edessa und dem gescheiterten zweiten Kreuzzug stark gedämpfte Kreuzzugseuphorie neu zu beleben.[34]

Lokalisiert wurde sein Reich in Indien beziehungsweise Asien, und um die Mitte des 13. Jahrhunderts schickte man Gesandtschaften zu den Mongolen, da man meinte, dort Verbündete gegen den Islam zu finden – seit dieser Zeit war klar, daß es nicht in Asien lag. In der Folge wurde es in Äthiopien, in Abessinien, auf Ceylon oder im äußersten Osten gesucht.

Auf jeden Fall befand sich in seiner Nähe das irdische Paradies, und die Menschen des Reiches blieben von Alter und Krankheit verschont, lebten in Überfluß und waren vorbildlich in Tugend und Sittsamkeit. Zu den Untertanen des Johannes gehörten neben den bekannten monströsen Völkern auch die abscheulichen Völker von Gog und Magog. In einer jüngeren Version des Briefes von 1520 heißt es, daß in einer Provinz des Landes gehörnte Männer und Frauen mit einem Auge vorn und drei oder vier Augen hinten am Kopf lebten. Ferner gebe es andere, die sich nur von rohem menschlichen Fleisch ernährten und nicht zögerten zu sterben – stürbe einer von ihnen, und sei es Vater oder Mutter, so verschlängen sie ihn, ohne ihn zu kochen, denn für sie sei es gut und natürlich, Menschenfleisch zu essen. Sie würden gelegentlich im Krieg eingesetzt und erhielten die Erlaubnis, die Feinde zu verschlingen, müßten dann aber wieder heimgeschickt werden, da sonst niemand vor ihnen sicher wäre.[35] Noch 1590 berichtete ein englischer Reisender namens Edward Webbe, er hätte sich am Hof des Priesters Johannes aufgehalten und dort ein Monster gesehen, das in Ketten lag, um es vom Verzehr menschlicher Wesen abzuhalten – es sei jedoch nach Hinrichtungen mit menschlichem Fleisch gefüttert worden.[36]

Marco Polo, der 1295 nach 24 Jahren aus Asien in seine Heimat zurückkehrte und seine Erinnerungen in genuesischer Gefangenschaft einem Mitgefangenen diktierte, erwähnte neben Menschenfressern und Fabelvölkern auch das Reich des Priesters Johannes, das jedoch von Dschingis Khan unterjocht worden sei.[37]

Er war wohl der erste Europäer, der von Zipangu (Japan) hörte, und prompt waren es Menschenfresser-Geschichten: Dort sollen im Angesicht von Götzen mit Tierköpfen so gräßliche Zeremonien vorgenommen worden sein, daß es gottlos wäre, davon zu berichten, doch soll der Leser wissen, daß *„die Inselbewohner einen gefangenen Feind, der kein Lösegeld aufbringen kann, schlachten und bei einem Gastmahl verzehren, zu dem sie alle Verwandten und Freunde einladen.“*[38]

Von einem Königreich auf Sumatra wußte er zu berichten, daß die Bewohner der Bergregion noch in viehischer Art lebten, denn sie äßen Menschenfleisch ebenso wie anderes Fleisch und verehrten den ganzen Tag lang das, was sie am Morgen zuerst gesehen haben. Die Küstenbewohner seien dagegen schon zivilisierter und hätten sich sogar teilweise zur mohammedanischen Religion bekehren lassen.[39]

In einem anderen Königreich, so Marco Polo, sollen die Kranken getötet werden, wenn keine Aussicht mehr auf Gesundung bestehe: „*Dann schneiden sie den Leichnam in Stücke, richten ihn zum Mahle her und verzehren ihn im großen festlichen Kreis, wobei nicht einmal das Mark in den Knochen übrigbleibt. Würde nämlich noch ein Stückchen übrig bleiben, so würden Würmer daraus; diese würden aus Mangel an weiterer Nahrung sterben, und ihr Tod würde für die Seele des Verstorbenen entsetzliche Strafen zur Folge haben.*" Fangen sie einen Fremden, der kein Lösegeld zahlen kann, töten und fressen sie ihn auch.[40]

Ein anderer Reisender, Wilhelm Rubruk, der sich in den Jahren 1253–1255 in Asien aufhielt und eine der oben erwähnten Gesandtschaften zu den Mongolen leitete, berichtete von den Tibetanern ähnliches: Sie sollen ehemals aus Pietät die Leichen ihrer Eltern verzehrt, zu seiner Zeit jedoch nur noch Schalen aus deren Schädeln angefertigt haben. Diesen lediglich in der Phantasie der Reisenden begründeten Rückschlüssen werden wir noch des öfteren begegnen.

In einem anderen Reich auf Sumatra, so Marco Polo weiter, gebe es Männer mit Schwänzen, die dem des Hundes ähnlich, aber nicht mit Haaren bedeckt seien. Auf den Andamanen fand er die Hundsköpfigen, die keinen König haben: „*Die Bewohner – Götzendiener – sind ein viehisches Geschlecht mit Köpfen, Augen und Zähnen wie Hunde. Sie sind von grausamer Natur und töten und fressen alle, die nicht zu ihrem eigenen Volk gehören, wenn sie ihrer habhaft werden können. Im übrigen ernähren sie sich von Reis, Milch und Fleisch.*"[41] Ferner lokalisierte er auf Ceylon einen Berg mit dem Grab Adams und berichtete von zwei benachbarten Inseln, von denen die eine nur von Frauen, die andere nur von Männern bewohnt sei.[42]

Von diesen Inseln sprach auch Christoph Kolumbus, der 1492 die Reichtümer Asiens und Indiens auf dem Seeweg zu erreichen suchte, ebenso von Menschenfressern und Geschwänzten. Erzählungen der Eingeborenen zufolge treffe man noch weiter entfernt Männer an, „*die nur einäugig seien, und solche, die eine Hundeschnauze hätten, welche sich von Menschenfleisch nährten und jeden Menschen, dessen sie habhaft würden, sofort enthaupteten, um sein Blut zu trinken und ihn*

Abb. 6: Hundsköpfige Menschenfresser (Holzschnitt 1527)

zu entmannen."[43] Daß er die Erzählungen der Eingeborenen gar nicht verstehen konnte, braucht kaum erwähnt zu werden: Die Kommunikation erfolgte mittels Zeichensprache, deren Auslegung nur die aus Europa mitgebrachten Vorstellungen zeigt. Aussagen wie die eben zitierte veranschaulichen, mit welchem Vorwissen und welchen Erwartungen Reisen in die Ferne unternommen wurden, und es verwundert nicht, daß die altbekannten monströsen Völker ebenso wie alle Arten von Menschenfressern auch „gefunden" wurden.

Nach dem Bericht Antonio Pigafettas, der an der Weltumsegelung Magellans teilnahm (1519–1522), war ein Ziel der Reise die Suche nach Eilanden, auf denen Menschenfresser leben, die sie dann auch fanden, neben Amazonen, die vom Wind befruchtet werden, und Großohrigen, die sie aus Mangel an Zeit nicht selbst besuchen konnten.[44] Menschenfresser fanden sie zum Beispiel auf einer Mallua genannten Insel, deren angeblich sehr häßliche Einwohner Wilde seien und eher unvernünftigen Tieren glichen als Menschen. Sie blieben 14 Tage auf dieser Insel, die Matrosen vergnügten sich mit den Frauen und lebten von den Nahrungsmitteln der Eingeborenen – keineswegs Menschenfleisch, sondern Ziegen, Hühner, Fische und dergleichen mehr.[45]

Einer der berühmtesten Reisenden des späten Mittelalters war Sir John Mandeville, dessen nach heutigem Wissen fiktiver Bericht von seiner Fahrt ins Heilige Land, nach Asien und Afrika aus der Mitte des 14. Jahrhunderts mehr Popularität genoß als der Marco Polos und bis in die Neuzeit als Beschreibung von tatsächlich Gesehenem und Erlebtem akzeptiert wurde. Hier finden sich die Fabeln, Monsterwesen und Wunder nach „eigener Erinnerung" beschrieben. Auch von Menschenfressern ist die Rede, die sich im Land Lamori Besitz und Frauen gemeinschaftlich teilen und Menschenfleisch vor allen anderen Fleischsorten schätzen, Handel damit treiben und Kinder zum Verzehr mästen: *„Item es kument vil koufflüt dar, die in die jungen Kind verkouffend die sie anderswo ouch kofft hand. Und wenn die kind faist sind, so essend sie es all zehand. Sind sie aber mager, so machend sie sie faist und sprechent daz kain besser fleisch syge in der welt."*[46] Ähnliches wissen Reisende des öfteren zu erzählen.

Die Existenz von Fabelvölkern ist immer wieder angezweifelt worden, insbesondere deshalb, weil man die Gebiete, in denen sie ursprünglich leben sollten, allmählich kennenlernte und daher wußte, daß sie dort nicht zu finden waren. Dies hatte jedoch nicht zur Folge, daß man den Glauben an ihre Existenz aufgab; vielmehr wurden sie in die zur jeweiligen Zeit unerforschten Gebiete der Erde „umgesiedelt".

So berichtete zum Beispiel Sir Walter Raleigh am Ende des 16. Jahrhunderts von den Ewaipanoma, einem kopflosen Volk in Venezuela, wenn er auch zugab, sie nicht selbst gesehen zu haben. Gaspar de Carvajal, Erzbischof von Lima und Teilnehmer einer Expedition, die aufbrach, das Zimtland zu suchen und unter dem Befehl Orellanas den damals Marañon genannten Amazonas befuhr (1541–1542), notierte in seinem Tagebuch Informationen, die er von den Omagua über andere Stämme erhalten haben wollte: *„Sie sagten uns aber auch, daß dort mächtige Könige herrschten, die jeden angriffen, der durch* *ihr Gebiet fahren wollte, und daß die Völker an den Ufern gefährlich und bösartig seien. Manche trügen lange Schwänze, andere wieder hätten verkehrt angewachsene Füße*“ – die bekannten und oft beschriebenen Antipoden. Sie kämpften angeblich auch gegen die Amazonen, nach denen der Strom dann benannt wurde.[47] Noch im 19. Jahrhundert lokalisierte man geschwänzte Menschen, den sogenannten Homo caudatus, im unbekannten Teil Afrikas: Die berüchtigten „Niam Niam“ (Azande), die angeblich auch Kannibalen waren, und denen man zudem Hundezähne und Hundegesichter andichtete, galten als Vertreter dieser Spezies. Wir werden später auf sie zurückkommen.

Das antike Stereotyp vom Barbaren hat sich, wie wir gesehen haben, bis weit über das Mittelalter hinaus in den Grundzügen erhalten. Sowohl die negative als auch die positive Version, als Schreck- oder als Wunschbild, spiegelt weniger die beschriebenen Völker selbst als die Einstellungen der Autoren, die über sie berichten. Ohne Gesetz, Eigentum und Glauben, häufig promiskuitiv, inzestuös und anthropophag lebend das eine, ohne Zwänge, Arbeit und Vorschriften lebend das andere – da können beide Vorstellungen natürlich auch vermischt auftreten, so daß an sich negative Merkmale in positivem Licht erscheinen: Fehlendes Eigentum verhindert Neid, die enge Verbundenheit mit der Natur stählt den Körper und fördert den Zusammenhalt untereinander und vieles mehr.

Den Berichten über anthropophage Völker ist gemeinsam, daß sie am Rand der jeweils bekannten Welt leben und die Informationen zu ihren Gebräuchen aus zweiter Hand stammen. Bemerkenswert ist auch die Tatsache, daß neben der Beschreibung ihrer kannibalischen Sitten, die häufig detailliert erfolgt, die der sonstigen Lebensweise gewöhnlich fehlt – abgesehen von den üblichen Standardurteilen, die ihre angebliche Promiskuität oder Gesetzlosigkeit betreffen. All dies weist darauf hin, daß es sich beim Kannibalismus, wie bei den anderen genannten Merkmalen auch, lediglich um ein Barbaren zugeschriebenes Verhaltensmuster ohne reale Grundlage handelt. In diese Richtung deutet außerdem die dauerhafte Struktur bestimmter Bilder, wie etwa das Bild vom Endokannibalen, der in nahezu identischer Beschreibung bei verschiedenen Autoren in unterschiedlichen Gebieten der Erde immer wieder auftaucht.

Die angesprochenen Merkmale haben die Menschenfresser mit einer anderen Kategorie gemeinsam, nämlich mit den Fabelvölkern, die heute als Imaginationen und Phantasieprodukte gesehen werden, in Antike, Mittelalter und früher Neuzeit jedoch zur Ethnographie gehörten und aus diesem Grund erwähnt werden mußten. Dabei ist deutlich geworden, daß Menschenfresser ebenso zur mythischen Tradition zu rechnen sind wie Hundsköpfige und Einäugige und genau wie diese auch beschrieben und „gefunden" wurden.

Im Gegensatz zu den Fabelvölkern, die früher oder später verschwinden mußten, da sie nicht existieren, blieben uns die Menschenfresser aber erhalten, denn ihr Wesen zeigt sich nicht in ihrem Äußeren, während sich bestimmte Verhaltensweisen jedoch leicht entsprechend interpretieren ließen; man sah oder vermutete das, was man erwartete und kannte. Die abendländische Tradition lieferte ein umfangreiches Instrumentarium zur Beschreibung, das von rohen Allesfressern bis zu liebevollen Endokannibalen reichte und verschiedene Motive einschloß. Die in Berichten über Menschenfresser häufig beschriebenen Sitten wie Promiskuität, Inzest, das Fehlen von Gesetz und Moral wurden später als Phantasieprodukte oder Mißdeutungen abgetan. Dagegen wurden die in eben diesen Berichten beschriebenen kannibalischen Sitten erstaunlicherweise gewöhnlich nicht angezweifelt, sondern als grundsätzlich authentisch beurteilt. Gleichfalls erhalten blieb uns die Vorstellung vom „Goldenen Zeitalter" und dem „Guten Wilden", wie gerade die in den letzten Jahrzehnten wieder steigende Tendenz belegt, das Leben der „Wilden" in der „Natur" zu idealisieren. Beide Vorstellungsmuster, das negative wie das positive, sind jedoch europäische Projektionen, die mit dem Leben und den Auffassungen „primitiver" Völker nichts oder nur wenig zu tun haben.

Fremde in der Nähe: Verschwörer, Ketzer, Juden und Hexen

Kannibalismus wie auch Menschenopfer dienten nicht nur der Charakterisierung von Fremden am Ende der Welt, sondern ließen sich auch hervorragend zur Verunglimpfung von „Fremden“ im eigenen Land verwenden – von gesellschaftlichen Randgruppen wie Juden, von tatsächlichen oder imaginierten Verschwörern, von politischen und religiösen Gegnern, von „Hexen“, die allesamt eines gemeinsam haben: Ihnen wurde nachgesagt, eine Bedrohung für die Gesellschaft darzustellen, der sie angehörten. Dabei kam nicht nur die Unterstellung der Menschenfresserei zum Tragen, sondern – wie bereits bei den „Barbaren“ – beinahe ebenso regelmäßig der Vorwurf der Promiskuität und des Inzests. „Thyestische Festmähler“ und „ödipodeische Umarmungen“ sind hier die Stichworte: Thyestes aß, wie bereits erwähnt, unwissentlich seine Kinder, und Ödipus tötete bekanntlich seinen Vater und heiratete seine Mutter, wobei ihn Unwissenheit nicht vor Strafe bewahrte.

Diodor unterstellte im 1. Jahrhundert v. Chr. Apollodorus von Kassandreia, dem wohl am meisten gehaßten Tyrannen (um 279–276 v. Chr.) der späten Diadochenzeit, folgendes: *„Apollodor, der einen Angriff zur Erreichung der Tyrannis vorbereitete und der Meinung war, daß er das Band der Verschwörung festigen müsse, ließ einen Jüngling, mit dem er befreundet war, rufen, indem er vorgab, er solle zum Opfer kommen, schlachtete ihn als Opfer für die Götter, gab seine Eingeweide den Verschworenen zu kosten und forderte sie auf, dessen Blut, das er mit Wein gemischt hatte, zu trinken.“*[48] Damit ist der Topos der kannibalischen Eidmahlzeit bei der Darstellung einer Verschwörung in der antiken Literatur treffend beschrieben. Verschiedene Forscher sahen darin durchaus realistische Züge und brachten solche „Handlungen“ mit dem angeblichen Verzehr menschlichen Opferfleisches im Kult in Verbindung; jedoch handelt es sich auch dabei, wie wir schon gesehen haben, lediglich um Vermutungen, und eine Verschwörung zeichnet sich gewöhnlich dadurch aus, daß sie im Geheimen stattfindet und kein Außenstehender weiß, was vor sich gegangen ist.

Menschenopfer und Kannibalismus gehörten einfach zum „Stil" einer unmenschlichen Verschwörung; es waren beliebte Vorwürfe, die beispielsweise Catilina (63 v. Chr. zum Verlassen Roms gezwungen und 62 gefallen) gemacht wurden, und zwar zuerst von Sallust etwa 20 Jahre nach der Revolte: Er sprach von Gerüchten, nach denen Catilina seine Mitverschworenen veranlaßt hätte, eine Mischung aus Menschenblut und Wein zu trinken. Dann berichtete Plutarch (ca. 45–120 n. Chr.) in diesem Zusammenhang von einem Menschenopfer und dem teilweisen Verzehr des Fleisches, und schließlich wurde der Vorgang von Cassius Dio am Ende des 2. Jahrhunderts weiter präzisiert und ausgeschmückt: Ein Junge sei geopfert und, nach Leistung des Eides über seinen Eingeweiden, gegessen worden. Nur Cicero (106–43 v. Chr.), der Feind Catilinas und sein potentielles Mordopfer, erwähnte Beschuldigungen dieser Art nicht.[49]

Vergleichbare Vorwürfe konnten dazu dienen, Tempelschändungen zu rechtfertigen, verstand es doch beispielsweise die römische „Polizei", als sie im Jahr 48 den Tempel der Ma-Bellona zerstörte, dort viele Töpfe voll Menschenfleisch zu finden; als die Christen die Sarapis- und Mithra-Tempel in Alexandria schlossen, führten sie der darüber empörten Öffentlichkeit als Entschuldigung zahlreiche Reste der scheußlichen Menschenopfer vor, die dort angeblich entdeckt wurden: *„die Feder sträubt sich, niederzuschreiben, welche Untaten in jenen sogenannten heiligen Räumen heimlich begangen wurden. Wie viele abgeschnittene Kinderköpfe mit vergoldeten Lippen dort aufgefunden wurden."*[50] Dieses Muster ist offenbar Teil einer langlebigen Struktur und keineswegs auf das Altertum beschränkt: Nach den Akten des Stadtarchivs Neuss ging 1834 das Gerücht um, daß dort *„bei Gelegenheit der Zerstörung der Synagoge daselbst ein Christenkind vorgefunden worden"* sei, und noch 1840 sahen sich Juden in Leipzig genötigt, öffentlich zu erklären, daß sie nie Menschenfresser,

Säufer des Blutes ermordeter Mitmenschen gewesen seien.[51] Vorwürfe dieser Art reichen bis in das 20. Jahrhundert hinein: So sollen beispielsweise deutsche Soldaten im 1. Weltkrieg in ihren Feldküchen Menschenfleisch, besonders Frauenbrüste ihrer Feinde, zur Speisenzubereitung verwendet und in ihren Brotbeuteln mit sich getragen haben; Kroaten wurde nachgesagt, daß sie kleine Kinder lebendig in Sudpfannen gebraten und dann die serbischen Mütter gezwungen hätten, diese zu essen.[52]

Doch zurück zum „thyestischen Mahl": Die frühen Christen wurden beschuldigt, bei ihren Versammlungen kleine Kinder rituell zu schlachten und zu verzehren, Orgien abzuhalten, die jede Form von Geschlechtsverkehr, so auch inzestuöse Handlungen, einschlossen, und jemanden in Tiergestalt oder die Genitalien ihres Priesters zu verehren. Überliefert ist dies in den Schriften christlicher Apologeten seit der Mitte des 2. Jahrhunderts, die sich dagegen verwahrten und den Ursprung dieser Gerüchte den Juden zuschrieben. Die Juden waren wiederum selbst im 1. Jahrhundert v. Chr. in Alexandria als Urheber von Ritualmorden mit anschließendem Kannibalismus diffamiert worden, und im Jerusalemer Tempel sollen sie laut Apion angeblich jedes Jahr einen Griechen geopfert und von seinen Eingeweiden gegessen haben.[53]

Die Aufnahme in die christliche Gemeinschaft umfaßte nach der heidnischen Beschuldigung ein besonderes Ritual, das dem soeben beschriebenen Verschwörungsstereotyp entspricht und bei Minucius Felix in seinem Dialog *Octavius* (Anfang des 3. Jahrhunderts) wiedergegeben ist; er läßt den Heiden Natalis folgendes sagen: *„Nun gar die Geschichte von der Weihe neuer Mitglieder; sie ist ebenso abscheulich wie bekannt. Ein Kind, mit Teigmasse bedeckt, um die Arglosen zu täuschen, wird dem Einzuweihenden vorgesetzt. Dieses Kind wird von dem Neuling durch Wunden getötet, die sich dem Auge völlig entziehen; er selbst hält, durch die Teighülle getäuscht, die Stiche für unschädlich. Das Blut des Kindes, welch ein Greuel! – schlürfen sie gierig, seine Gliedmassen verteilen sie mit wahrem Wetteifer. Durch dieses Opfer verbrüdern sie sich, durch die Mitwis-*

serschaft um ein solches Verbrechen verbürgen sie sich zu gegenseitigem Stillschweigen."[54] Nach diesem „Festmahl" wurden die Lichter gelöscht, bezeichnenderweise durch Hunde, die die Lampen umwarfen, und man gab sich der „Unzucht" hin, wie der Kirchenschriftsteller Tertullian (um 160 – nach 220 n. Chr.) zu berichten wußte. Die Christen wurden also als verschworene Gemeinschaft gesehen, deren Glaube und Verhalten die Werte der griechisch-römischen Kultur zu leugnen schien, die Inzest praktizierte, Genitalien verehrte und Kinder aß – die Inkarnation des Unmenschlichen!

Im 3. Jahrhundert begannen dann christliche Autoren damit, die Heiden perverser und anthropophager Riten zu verdächtigen. Vor allem richteten sich diese Unterstellungen jedoch zunehmend auch gegen Gegner aus den eigenen Reihen. Die ehemals den Christen gemachten Vorwürfe benutzte die Kirche nun selbst gegen christliche Gemeinschaften in Afrika und Kleinasien, später auch in anderen Gebieten: gegen Gnostiker, Montanisten, Manichäer, Paulizianer, Bogomilen, Katharer, Waldenser, Fratizellen und andere.[55]

Zuerst wurden gnostische Gruppen Zielscheibe der Vorwürfe – ihre Riten seien der Anlaß für die Unterstellungen der Heiden gewesen. Diese schon bei früheren Kirchenschriftstellern anklingende Überzeugung wurde im 4. Jahrhundert durch Epiphanius von Salamis (ca. 315–403) präzisiert: Alle bei Minucius Felix erwähnten Anklagen gegen die Christen seien für die Gnostiker zutreffend; die bei promiskuitiven Zusammenkünften empfangenen Kinder wurden angeblich zubereitet und gegessen.[56]

Manche Forscher stimmen dem noch heute zu und sind der Auffassung, daß Epiphanius keine bloßen Verleumdungen vorbrachte; andere suchen zur Erklärung der Vorwürfe gegen die Christen nach einem heidnischen Ritual, das die Elemente Initiation, Kindsmord, Menschenfresserei, Eid und Promiskuität enthält, da die gnostischen Riten nicht ausreichend seien; sie meinen, dieses in einem vermutlich in Ägypten spielenden griechischen Roman aus dem späten 2. Jahrhundert gefunden zu haben.[57] Mehr als Vermutungen sind dies jedoch nicht, und nach Lage der Quellen könnte ebenso „überzeugend" die Meinung vertreten werden, daß die Christen tatsächlich die ihnen vorgeworfenen Riten praktiziert, es sich folglich gar nicht um Verleumdungen gehandelt hätte – eine Annahme, der sich heute wohl niemand mehr anschließen würde.

Die erwähnten Vorwürfe bedurften keiner realen Grundlage – sie waren geeignet, Personen oder Gruppen, die der Gesellschaft vermeintlich oder tatsächlich feindlich gegenüberstanden oder sich von ihr isolierten, zu verunglimpfen und damit einen Grund für ihre Verfolgung zu liefern.

Den Montanisten wurde nachgesagt, daß sie jährlich ein Kind schlachten oder mit eisernen Nadeln durchstechen und das Blut mit Mehl vermischen, um daraus das Abendmahlsbrot zu bereiten. In einer um 720 gehaltenen Predigt des Johannes IV. von Ojun, dem Oberhaupt der armenischen Kirche, wurden die Paulizianer beschuldigt, sich in der Dunkelheit zu versammeln, um mit ihren Müttern Inzest zu begehen, Abgötterei zu praktizieren, mit Kinderblut gemischte Hostien zu essen, dabei die Schweine, die ihre eigenen Jungen fressen, an Gefräßigkeit übertreffend, und ein Neugeborenes von Hand zu Hand zu reichen, wobei demjenigen, in dessen Händen das Kind stirbt, die höchste Würde zukommt. Das letztgenannte Detail tauchte in ähnlicher Form 1114 in Soissons und Mitte des 15. Jahrhunderts in einem Geständnis der in Rom vor Gericht gestellten Fratizellen wieder auf. 1022 wurden in Orléans Häretiker – „Manichäer" bzw. Katharer – verbrannt, denen unter anderem vorgeworfen wurde, die tatsächliche Präsenz Christi bei der Eucharistie zu leugnen; angeblich war das Essen der Asche eines toten Kindes Vorbedingung für die Mitgliedschaft in der Sekte. Um 1090 berichtete ein Benediktinermönch Genaueres: Die Kinder aus ihren inzestuösen Verbindungen seien verbrannt und ihre Asche als Relikt aufbewahrt worden – wer davon zu sich nahm, konnte die Sekte nicht mehr verlassen. Aus „Geständnissen" von Tempelrittern zu Beginn des 14. Jahrhunderts ging hervor, daß sie homosexuelle Orgien abhielten, Kinder brieten und mit deren Fett ihr Idol Baphomet beschmierten.[58] Diese wenigen Beispiele mögen hier genügen, um die Dauerhaftigkeit und die relative Gleichförmigkeit der Beschuldigungen zu illustrieren.

Das gegen frühe Christen und dann gegen „Ketzer" gerichtete Stereotyp mit den Bestandteilen Ritualmord, Menschenfresserei und Inzest wurde auf Juden übertragen und bildete eine Grundlage für die Herausarbeitung des Bildes vom Sabbat: Eine nächtliche Zusammenkunft, bei der sich menschenverschlingende Hexen und Hexer zügellosen Orgien hingaben und dem Teufel in Tiergestalt huldigten.

Die Juden wurden im Mittelalter und in der Neuzeit immer wieder beschuldigt, Brunnen zu vergiften, Ritualmorde zu begehen und Hostien zu schänden – Verleumdungen, die zu Pogromen, Vertreibungen und Hinrichtungen führten. Sie galten als Christusmörder und wurden mit den schrecklichen Völkern Gog und Magog identifiziert, von denen bereits die Rede war; der erwartete und gefürchtete Antichrist sollte einer Lesart zufolge der Abkömmling eines *„verabscheuungswürdigen geilen Juden"* sein, der seine Tochter *„fleischlich erkannt"* hatte.[59] Im Anhang zu einem Ahasver-Volksbuch, das die Geschichte vom „Ewigen Juden" darstellt (1602 erstmals veröffentlicht und bis in das 19. Jahrhundert nahezu unverändert immer wieder gedruckt), wurden die verschiedenen Rollen der zwölf jüdischen Stämme bei der Ermordung Christi beschrieben, ebenso die Strafen, die sie deshalb zu ertragen hätten, und die ihre fortwährende Schuld erweisen. So heißt es dort beispielsweise vom Stamm Dann: *„Aus dem Stamme Dann waren die Juden, die da geschrieen, und über laut gerufen: Christi Blut komme über uns und unsere Kinder. Diese haben die Strafe, daß ein jedweder aus diesem Geschlechte, alle Monate sonderliche Plagen und Schmerzen an seinem Leibe verspüret: also, daß Blutstropfen von ihnen fließen, welche sie Gestanks halber nicht über eine Woche verbergen noch halten können, wofern sie nicht wieder mit Christenblute ihren stinkenden Leib salben."*[60]

In Frankreich wurden 1321 erst die Leprösen, dann im Verbund mit ihnen die Juden der Verschwörung gegen die Christenheit verdächtigt: Sie sollen im Auftrag der Sarazenen mittels einer Substanz aus Menschenblut, Urin, Kräutern und der Hostie Brunnen vergiftet haben.[61] Diese Anschuldigung, bestätigt von Geständnissen, die unter der Folter oder ihrer Androhung erzwungen wurden, führte zu zahlreichen Hinrichtungen. Angeblich hatte man auch Briefe mit Anweisungen an die Juden gefunden sowie, im Haus eines gewissen Bananias, Briefe an orientalische Herrscher, in denen die Juden über ihr „Werk" berichten. Sie ersannen einen ausgeklügelten Plan: In Brunnen, Quellen, Zisternen und Flüsse *„schütteten wir (...) Pulver, um die Christen auszurotten. Bei dieser Unternehmung ließen wir uns von den Aussätzigen helfen (...). Aber die armen, unglückseligen Aussätzigen benahmen sich naiv: zuerst beschuldigten sie uns Juden, dann, von anderen Christen betrogen, gestanden sie alles. Über die Vernichtung der Aussätzigen und die Vergiftung der Christen frohlocken wir (...). Nun schickt uns Gold und Silber; das Gift hatte noch nicht ganz die gewünschte Wirkung, aber wir hoffen, es beim nächsten Mal (...) besser zu machen."*[62] Derartige Manipulationen haben die Gerüchte gefördert und die Verfolgung umso mehr gerechtfertigt. Der Vorwurf der Wasservergiftung durch Juden wurde auch schon zuvor erhoben: im 12. Jahrhundert in Böhmen, im 13. Jahrhundert in Breslau und Wien, 1308 in der Waadt und 1319 in Franken.

1348 brach die Pest in Europa aus. Nachdem anfangs Arme und Bettler verdächtigt worden waren, ein die Krankheit auslösendes Pulver in Wasserstellen und Häuser gestreut zu haben, wurden schließlich die Juden des Giftanschlags gegen die Christen beschuldigt und – teilweise noch bevor die Seuche im jeweiligen Gebiet auftrat – deshalb verfolgt und verbrannt. Die zahlreichen Massaker und Hinrichtungen fanden zum Teil mit behördlicher Genehmigung, zum Teil ohne sie statt. Anschuldigungen dieser Art wurden immer wieder erhoben: Noch im 19. Jahrhundert war von Brunnenvergiftungen und ähnlichem die Rede, ebenso von Ritualmorden, die auch bei den eben besprochenen Anklagen eine Rolle spielten.[63]

Seit der Mitte des 12. Jahrhunderts wurden Juden beschuldigt, Christen, und zwar insbesondere Knaben, zu ermorden –

eine Verleumdung, die mit der herabsetzenden Darstellung der Juden als Christusmörder in Zusammenhang stand und in einer Zeit, in der das Martyrium Christi zunehmend drastisch ausgemalt wurde, auf fruchtbaren Boden stieß. Sie wurde 1144 durch den Kleriker Thomas von Monmouth formuliert, der die vage Erinnerung an einen Mordfall in Norwich zu einer Kreuzigungslegende stilisierte.[64] Dieses Schema verbreitete sich schnell auch auf dem Kontinent. Die Opfer oder vermeintlichen Opfer, des öfteren wohl tatsächlich Opfer von Sittlichkeitsverbrechen, wurden verehrt und die für deren Tod verantwortlich gemachten Juden hingerichtet. Berühmte Beispiele für angebliche Ritualmordopfer sind der erwähnte William von Norwich, Hugh von Lincoln, Simon von Trient und das heilige Kind von La Guardia, das gar nicht existierte: Weder ein Name, noch eine Vermißtenmeldung, noch eine Leiche waren bekannt. 1294 führte ein solches Gerücht zur Vertreibung der jüdischen Gemeinde aus Bern. Zur Erinnerung daran ließ der Magistrat im 16. Jahrhundert ein Denkmal errichten, das den bezeichnenden Namen *Kinderfresserbrunnen* trägt. Noch 1946, also unmittelbar nach dem Holocaust, wurden Juden in Kielce (Polen) unter dem Vorwand des Ritualmordes verfolgt und ermordet.[65]

Seit der Mitte des 13. Jahrhunderts gewann eine weitere Anschuldigung an Bedeutung, nämlich die, daß Juden Christenkinder ermorden, um ihr Blut für ihre Rituale oder als Medizin zu gewinnen und nicht zuletzt für die Heilung ihrer Leiden, die sie wegen ihrer Schuld am Tod Jesu zu ertragen hatten. Bis in die Gegenwart war die Version verbreitet, Christenblut müsse in die ungesäuerten Brote für das jüdische Osterfest geträufelt werden. Hinzu kam der Vorwurf der Hostienschändung: So sollen beispielsweise 1290 in Paris Juden die Hostie mit Messern und anderen spitzen Werkzeugen bis zum Hervorströmen von Blut verletzt und sie dann in einen Kessel mit kochendem Wasser geworfen haben, das zu Blut wurde, während sich die Hostie in Fleisch verwandelte. In der Folge fand diese Legende weite Verbreitung, vor allem im deutschsprachigen Raum.[66]

Der Kirchenlehrer Hieronymus bekannte bereits Anfang des 5. Jahrhunderts: *„Wenn es (überhaupt) sinnvoll ist, Menschen zu hassen und irgendeinen Menschenschlag zu verabscheuen, so habe ich einen seltsamen Widerwillen gegen Beschnittene; denn bis heute verfolgen sie unseren Herrn Jesus Christus in den Synagogen des Satans."* Martin Luther wandte sich Mitte des 16. Jahrhunderts in seiner Schrift *Von den Jüden und jren Lügen* gegen die Juden, nachdem seine Versuche, sie zu bekehren, fehlgeschlagen waren, und stellte sie als Brunnenvergifter, Mörder und Kinder des Teufels dar: *„Ich hab viel Historien gelesen und gehort von den Jüden, so mit diesem urteil Christi stimmen. Nemlich, wie sie die Brunnen vergifftet, heimlich gemordet, Kinder gestolen (...). Ich weis wol, das sie solches und alles leugnen. Es stimmet aber alles mit dem urteil Christi, das sie gifftige, bittere, rachgirige, hemische Schlangen, meuchel mörder und Teufels Kinder sind, die heimlich stechen und Schaden tun, weil sie es öffentlich nicht vermögen."*[67]

Eine umfassende Darstellung der fiktiven jüdischen Weltverschwörung findet sich in einem 1869 erschienenen Buch von Gougenot des Mousseaux, der den durch Satan gestifteten Kult des Bösen beschrieb: Den ersten Teufelsanbetern, den Söhnen Kains, folgten die Chaldäer, die Juden, Gnostiker, Manichäer, Assassinen, Templer und schließlich die Freimaurer – stets aber fungierten Juden als Großmeister des Kults. Zu den Ritualen gehören sexuelle Ausschweifungen und die Ermordung christlicher Kinder. Diese Wahnvorstellung gipfelte in den 1903 in Petersburg veröffentlichten *Protokollen der Weisen von Zion*, die erst 1921 als Fälschung entlarvt wurden.[68] Die gräßlichen Folgen im „Tausendjährigen Reich" sind bekannt.

War die „Verschwörung" der Juden gegen die Christenheit schon schlimm genug, so nahm diejenige der angeblichen Hexen geradezu „unüberschaubare Ausmaße" an, handelte es sich doch um eine potentiell unbegrenzte „Sekte", der praktisch jeder angehören konnte. Wie die Juden standen auch die der Hexerei beschuldigten Menschen an den Rändern der Gemeinschaft und waren von einem äußeren Feind inspiriert, nämlich dem Teufel persönlich. Leprakranke und Juden erkannte man leicht an ihrer Kleidung; bei Hexen mußten Laienrichter und Inquisitoren am Körper nach einem Mal suchen, das den Pakt mit dem Teufel belegte.

Das neuzeitliche Bild der Hexe, ein Begriff, der erst seit dem späten Mittelalter in der heutigen Bedeutung geläufig ist, während zuvor von *striga* oder *saga* die Rede war,[69] beruht auf verschiedenen, voneinander unabhängigen Vorstellungen. Sie gründen auf dem bereits beschriebenen Verschwörungsstereotyp, der Dämonenlehre und Elementen des Volksglaubens: Zauberei, bei der Hilfsmittel angewandt werden, Hexerei, bei der die Person selbst zerstörerische Macht besitzt, Tierverwandlungen, so beispielsweise der Glaube an Werwölfe, und Frauen der Nacht, die Diana, Herodia oder Holda folgen; all diese Elemente wurden zu Beginn des 15. Jahrhunderts miteinander kombiniert, in ein einheitliches Schema gepreßt und zum Bild einer großen Verschwörung gegen die Christenheit geformt, das mit Hilfe der Folter immer wieder bestätigt werden konnte.

Der Glaube an die Existenz von Zauberern und Hexen, die Malefizien ausüben, also Schaden verursachen, Krankheiten und Impotenz hervorrufen und töten, ist alt und weit verbreitet. Ein Kennzeichen sind ihre kannibalischen Neigungen, brauchen sie doch Fleisch, Blut oder Fett von Menschen, um ihre Untaten begehen zu können und ihre Gelüste zu befriedigen.

Erwähnt sei die antike Vorstellung von der *strix*, die als magischer Vogel galt, in dem sich Hexen verbergen sollten, und die als Unglücksbotin und Blutsaugerin gefürchtet war. Dem Dichter Ovid (43 v.–18 n. Chr.) zufolge handelte es sich bei diesen eulenartigen Kreaturen um Vögel oder auf magische Weise in Vögel verwandelte alte Frauen, die auf der Suche nach unbeaufsichtigten Kindern durch die Nacht fliegen, um deren Eingeweide herauszureißen und zu verzehren. Johannes Damascenus (7.–8. Jahrhundert) berichtete von Frauen, *stryngai* oder *gheloudes* genannt, die nach dem Volksglauben um die Häuser fliegen, durch die geschlossenen Türen eindringen und die Neugeborenen in den Wiegen ausweiden; von einem ähnlichen Glauben sprach Gervasius von Tilbury zu Beginn des 13. Jahrhunderts, und wenig später beschrieb Stefan von Bourbon die *strix* als einen Dämon, der sich in Gestalt eines alten Weibes nachts auf dem Rücken eines Wolfs herumtrieb und Säuglinge mordete.[70]

Lange Zeit galt der Kirche der Glaube an Zauberei, an nächtliche Flüge mit Herodia und dergleichen mehr als Vorspiegelung böser Dämonen, als Einbildung törichter Frauen und Männer oder als Zeichen für die Abwendung von christlichen Werten. Der Kirchenvater Augustinus (354–430 n. Chr.) entwarf die dualistisch geprägte Konzeption der zwei Staaten, in denen sich Gut und Böse gegenüberstehen; die Dämonen können ihr unheilbringendes Wirken jedoch nur entfalten, weil Gott es gestatte, um die Menschen zu prüfen. Die Menschen können mit ihnen einen Pakt schließen, wenden sich aber damit vom rechten Glauben ab. Zauberei, Wahrsagerei und Astrologie seien teuflische Künste, deren Ausübung die Mitwirkung von Dämonen voraussetze.[71]

Bis in das 13. Jahrhundert wurde die Ausübung von zauberischen Praktiken als Abfall vom Glauben oder, bei Nachweis eines Malefiziums, wie andere Verbrechen auch behandelt.[72] Die Vorstellung einer dämonischen Verschwörung war dem mittelalterlichen Denken fremd, die Macht des Teufels wurde – im Vergleich zur Neuzeit – gering geschätzt.

So verfaßte beispielsweise Regino von Prüm um 906 eine Sammlung von Anweisungen für Bischöfe und ihre Vertreter, in der ein wahrscheinlich älterer Teil, der *Canon Episcopi*, enthalten ist, der den Glauben an Nachtfahrten im Gefolge Dianas erwähnt und sie als Vorspiegelung der Dämonen bezeichnet. Ein Jahrhundert später übernahm Bischof Burchard von Worms den *Canon* in sein *Decretum*; darin heißt es: „*Einige Frauen behaupteten, in bestimmten Nächten gezwungen zu sein, eine Schar von in Frauen verwandelten Dämonen zu begleiten, die beim törichten Volk Holda heiße. Andere sagten, sie gingen in stiller Nacht durch die geschlossenen Türen aus dem Haus, wo sie ihre Männer schlafend zurückließen: wenn sie dann zusammen mit anderen, im selben Irrtum befangenen*

Frauen unendlich weite Strecken zurückgelegt hätten, töteten, kochten und verschlängen sie getaufte Menschen, denen sie einen Anschein von Leben wiedergäben, indem sie sie mit Stroh oder Holz ausstopften.“[73] Johannes von Salisbury, der Bischof von Chartres, berichtete im 12. Jahrhundert vom Glauben an nächtliche Versammlungen, die die Nachtfrau oder Herodias einberufe, anläßlich derer Säuglinge entweder in Stücke zerrissen und verschlungen oder verschont und in ihre Wiegen zurückgebracht würden; er bezeichnete dies aber als boshafte Täuschung der Dämonen, was schon daraus hervorgehe, daß *„die Leute, denen dieses begegnet, arme Weiber und einfältige, glaubensschwache Männer sind.*“[74] Hexerei und Zauberei galten als dämonische Vorspiegelungen und Aberglaube – die Existenz der Dämonen wurde nicht bestritten, ihre Macht jedoch als begrenzt gesehen.

Dies änderte sich mit Thomas von Aquin im 13. Jahrhundert, der sich vor allem auf Augustinus berief. Der Teufel und seine Dämonen besäßen mit göttlicher Zulassung die Macht, Malefizien zu bewirken; Wahrsagerei und Zauberei seien ohne einen Pakt mit diesen nicht möglich und deshalb Sünde. Zu Beginn des 14. Jahrhunderts ließ Papst Johannes XXII. Untersuchungen gegen Personen durchführen, die mit Gift und Wachsbildern unter Anrufung der Dämonen sein Verderben beabsichtigt hätten – er sah überall Zauberer und Hexen, die mit dem Teufel verbündet seien.[75] In diese Zeit fallen die Vermischung des Zaubereiglaubens mit den ketzerischen Delikten, die Pest und die Judenverfolgungen. Was zuvor als Aberglaube törichter Männer und Frauen behandelt wurde, galt nun allmählich als Realität.

Der Historiker Carlo Ginzburg beschrieb als gemeinsames Element der Verfolgungswellen des 14. Jahrhunderts die Vorstellung einer gegen die Gesellschaft angezettelten Verschwörung, die die Krise der europäischen Gesellschaft, Hungersnöte, die Pest und damit einhergehend die Absonderung oder den Ausschluß von Randgruppen zur Voraussetzung hatte. Er wies darauf hin, daß die ersten Hexenprozesse am Beginn des 15. Jahrhunderts in dem Gebiet stattfanden, in dem die Beweise für das schon erwähnte jüdische „Komplott“ von 1348 konstruiert wurden, das wiederum die „Verschwörung“ von 1321 zum Vorbild hatte, wobei bereits zu diesem Zeitpunkt in einem Prozeß zwei Vergehen Erwähnung fanden, die traditionell Ketzern zur Last gelegt wurden, nämlich Glaubensabfall und Profanierung des Kreuzes.[76] Generell spielten die Ketzerverfolgungen, insbesondere die der Waldenser in den westlichen Alpen in der zweiten Hälfte des 14. Jahrhunderts, eine entscheidende Rolle bei der Ausbildung des Hexen- und Sabbatstereotyps.[77]

1409 beklagte Papst Alexander V. in einer Bulle, daß einige Christen zusammen mit den „arglistigen Juden“ im genannten Gebiet insgeheim neue Sekten und verbotene Riten gegen den christlichen Glauben eingeführt hätten. Es gelte, wachsam zu sein und die Inquisitionstätigkeit fortzusetzen. Der Dominikaner Johannes Nider verfaßte zwischen 1435 und 1437 in Basel sein *Formicarius* genanntes Werk zur Dämonologie, in dem auch Informationen eines Inquisitors und eines Richters enthalten sind, die von Zauberern beiderlei Geschlechts im Berner Land sprachen:

Sie sollen ihre Riten bereits seit ungefähr sechzig Jahren (also seit ca. 1375) praktizieren und, eher Wölfen denn Menschen gleich, Kinder verschlingen. In der Gegend von Lausanne hätten einige dieser Hexen ihre eigenen Kinder gekocht und gegessen, sich versammelt und einen Dämon angerufen, der in Menschengestalt erschien. Wer ihm folgen wollte, mußte dem christlichen Glauben abschwören, die Verehrung der geweihten Hostie aufgeben und insgeheim bei jeder Gelegenheit das Kreuz treten. Aus einem Geständnis, das einer der angeklagten und verbrannten Hexer abgelegt hatte, ging hervor, daß sie noch nicht getaufte Kinder in Wiegen und Betten an der Seite ihrer Eltern zu überfallen und mit magischen Zeremonien zu töten pflegten. Der Angriff richtete sich also, anders als bei den Ketzern, auch gegen die Kinder Fremder. Die Leichen dieser Kinder wurden aus den Gräbern, in denen man sie bestattet hatte, hervorgeholt, und die Hexer brachten sie im Topf zum Kochen, bis das Fleisch sich von den Knochen löste. Der festere Teil diente als Salbe für magische Praktiken und Verwandlungen, den flüssigeren gab man denjenigen zu trinken, die Sektenmeister werden wollten. Noch fehlten der magische Flug und die nächtlichen Zusammenkünfte, der entscheidende Schritt zum Sabbat war aber mit der Herausbildung der Vorstellung einer bedrohlichen, menschenfressenden Sekte von Hexen und Hexern getan.[78]

Voll ausgebildet erschien das Sabbatstereotyp bei Prozessen im Wallis, die 1428 begannen und mit der Verbrennung von vermutlich mehr als hundert Menschen endeten. Die unter der Folter abgepreßten Geständnisse umfaßten neben den bereits angeführten „Vergehen" das Erscheinen des Dämons in Gestalt eines schwarzen Tieres, nächtliche Treffen, zu denen die „Hexen" auf Stöcken und Besen flogen, die ihnen vom Teufel gegebene Möglichkeit, sich in Wölfe zu verwandeln oder unsichtbar zu werden und die Fähigkeit, Malefizien zu begehen.[79]

Zur Entstehung des Bildes vom Sabbat trugen verschiedene Elemente bei: Das Stereotyp der Ketzerversammlungen, die Einbeziehung der zauberischen Malefizien und volkstümliche Vorstellungen, die überformt wurden. Die hochgradige Einheitlichkeit der Geständnisse der an den nächtlichen Zusammenkünften angeblich Beteiligten geht auf die Einwirkung der Inquisitoren und Richter zurück. Nach Ausbildung des Sabbatstereotyps verbreitete sich die neue Sekte weiträumig: Hexenprozesse fanden in fast allen Ländern Europas statt, mit wechselnden räumlichen und zeitlichen Schwerpunkten vom 15. bis ins ausgehende 17. und mit Ausläufern im 18. Jahrhundert. Klerus, Justiz, Gesetzgeber und Akademiker waren überzeugt von der Existenz einer teuflischen Verschwörung gegen die Christenheit; ohne diese Überzeugung wäre eine Verfolgung solchen Ausmaßes nicht vorstellbar. Sie wäre ebensowenig ohne die Anwendung des Inquisitionsverfahrens vorstellbar, das eine Anklage ohne Kläger, Denunziation und Folter zuließ und eine Verteidigung der Angeklagten unmöglich machte. 1231 als päpstliche Institution eingerichtet, verhalf die 1252 eingeführte Folter den Inquisitionsprozessen zu ihrem Massencharakter.[80]

Abb. 7: Petrus Binsfeld: Tractat Von Bekanntnuß der Zauberer und Hexen (Titelblatt einer deutschen Ausgabe von 1591)

Die Angeklagten wurden detailliert nach vorgegebenen Regeln und Inhalten befragt. So heißt es beispielsweise in der *Interrogatia* des Landrechts von Baden-Baden aus dem Jahr 1588: *„Wie viele junge Kinder sie geholfen essen, wo solche hergekommen und zuwege gebracht, wem sie solche genommen oder auf den Kirchhöfen ausgegraben, / wenn sie solche zugerichtet, gebraten oder gesotten, item, wozu das Häuptlein, die Füße und die Händlein gebraucht, ob sie auch Schmalz von solchen Kindern bekommen und wozu sie das brauchen? / Wie solche Hexensalbe zugerichtet und was für Farbe sie habe? Da sie so Menschenschmalz haben müssen und consequenter so viele Morde begangen, und, weil sie das Schmalz aussieden, was sie mit dem gekochten oder gebratenen Menschenfleisch gethan?"*[81] Auf dem Titelblatt des erstmals 1589 erschienenen Werkes *Tractat Von Bekanntnuß der Zauberer und Hexen* von Petrus Binsfeld wird eine Hexe gezeigt, die gerade ein Kind in den Kochtopf steckt. Hexensalbe soll aus Kröten, gepulverten Knochen von Gehängten, dem Blut kleiner Kinder und Kräutern hergestellt worden sein. Sie befähigte dazu, auf Besen oder Heugabeln zu den nächtlichen Versammlungen zu fliegen, bei denen Orgien und kannibalische Festmähler abgehalten wurden.

Charakteristisch für die besprochenen Gruppen – politische Gegner, frühe Christen, Ketzer, Juden und „Hexen“, allesamt Außenseiter der jeweiligen Gesellschaften – sind die ihnen unterstellten antisozialen Verhaltensweisen und Taten: Menschenopfer und Menschenfresserei, Promiskuität, Inzest und Abgötterei, wie sie auch den Barbaren, den Fremden in der Ferne, unterstellt wurden. Vorwürfe dieser Art konnten der Verunglimpfung dienen und die Verfolgung rechtfertigen. Außenseiter repräsentieren das Fremde, Unbekannte und Angsterregende, sozusagen den Barbaren im eigenen Land und damit eine Bedrohung von innen. Der Fremde „innen“ und der Fremde „außen“ sind also gleichermaßen Vertreter einer „verkehrten Welt“ mit Eigenschaften und Verhaltensweisen, die denen der eigenen Gesellschaft entgegengesetzt, zugleich aber auch, zumindest in der Phantasie, vertraut sind. Wenden wir uns nun wieder den Fremden in der Ferne zu um zu erfahren, ob und wie sich diese stereotypen Sichtweisen in der Neuzeit verändert haben.

III. Neuzeit – Weltbilder im Wandel?

Die Neuzeit beginnt mit der Wende vom 15. zum 16. Jahrhundert – 1492, so könnte man sagen, im Jahr der Entdeckung der Neuen Welt Amerika durch Christoph Kolumbus (1451–1506). Dieser war allerdings der Überzeugung, sich in Indien oder Asien und somit in der Alten Welt zu befinden, ein Umstand, der sich noch heute in der Bezeichnung „Indianer" spiegelt. Benannt wurde der „neue" Kontinent auch nicht nach seinem eigentlichen Entdecker, sondern – durch Martin Waldseemüller und Matthias Ringmann 1507 – nach Amerigo Vespucci (1451–1512), der um 1500 vermutlich zwei Reisen[1] zum südamerikanischen Festland unternahm, und dessen Berichte über die unbekannte neue Welt und ihre angeblich menschenfressenden Bewohner eine weite Verbreitung in vielen Ländern Europas fanden. Auf beide Entdecker werden wir noch zurückkommen.

Ein Wandel der Weltbilder läßt sich für die frühe Neuzeit, das 16. und 17. Jahrhundert, kaum feststellen – das Neue wurde als längst Bekanntes erfahren und dargestellt, ein unbewußter Mechanismus, der die Begegnung mit Fremden erleichtert, indem er den Kulturschock mindert und es ermöglicht, eigene Normen und Werte beizubehalten. Charakteristisch für diese Zeit war die Suche nach Reichtümern, vor allem nach Gold und nach Gewürzen, aber auch nach mythischen Orten und Wundern wie dem Paradies und dem Jungbrunnen. Für die „Entdeckten" dagegen veränderte sich die Welt meist grundlegend: Wenn sie nicht durch Waffengewalt oder ihnen bisher unbekannte Krankheiten wie Pocken und Masern dezimiert oder ausgerottet wurden, fielen sie der Sklaverei zum Opfer.

Die Grundzüge der Wahrnehmung des Fremden, Idealisierung und Ablehnung, personifiziert im „Guten Wilden" und seinem Gegenteil, dem „Menschenfresser", wurden bereits dargestellt. Auch die bisher nicht erwähnte, in Europa im Mittelalter und darüber hinaus weit verbreitete und beliebte Vorstellung vom tief im Wald hausenden „wilden Mann" oder dem „wilden Volk" paßt in dieses Schema und bot eine weitere Grundlage für die Beschreibung fremder Lebenswelten:

Der „wilde Mann", so hieß es, kannte keinen Gott, kein Recht und keine Regierung. Er lebte promiskuitiv und inzestuös, besaß kein Eigentum und erfreute sich sowohl guter Gesundheit wie auch eines langen Lebens. Dies erinnert an die ewig gesunden und glücklichen Hyperboreer der Antike und wurde beispielsweise von dem schon genannten Antonio Pigafetta im Zusammenhang mit den an der brasilianischen Küste angetroffenen Indianern angeführt, die angeblich ein Alter von 140 Jahren erreichten.

Zuweilen lockten die Frauen des „wilden Volkes" brave Männer in den Wald und verführten sie dort, ein Bild, das sich bei Vespucci in abgewandelter Form wiederfindet: Ein Mitglied der Schiffsmannschaft soll hinterrücks von einer Frau mit einer Keule – einem Attribut des „wilden Volkes" – erschlagen und dann von den Eingeborenen verspeist worden sein.

Auch die anderen genannten Merkmale werden uns bei Vespucci und anderen noch begegnen. Die negative Version des „wilden Mannes" ist gekennzeichnet durch Riesenhaftigkeit, eine unwirtliche Landschaft als Lebensraum, manchmal durch Fellkleidung und immer durch Kannibalismus; dies mag ein Grund sein, warum die Patagonier an der Südspitze Amerikas und auch die Eskimo lange Zeit als Menschenfresser galten. In der positiven Version fehlten diese Züge, und das „wilde Volk" wurde mit der Vorstellung vom Goldenen Zeitalter und vom Paradies verbunden.[2]

In der frühen Neuzeit sind beide Fremdbilder – das tugendhaft-glückselige und das promiskuitiv-kannibalische – mehr oder weniger bewußt benutzt worden, oft je nach Ziel, Zweck und Erfolg einer Unternehmung. Beschrieb Kolumbus beispielsweise noch auf seiner ersten Reise (1492–1493) geradezu paradiesische Zustände auf den von ihm angelaufenen Inseln, nicht zuletzt in Erwartung des Goldes, das er zu finden hoffte, so wähnte er sich auf seiner zweiten Reise (1493–1496), als diese Hoffnung wiederum enttäuscht wurde, bereits von Menschenfressern umgeben: Die zuvor als so friedlich und umgänglich beschriebenen Arawak entpuppten sich nämlich als durchaus wehrhaft. Konflikte zwischen den Einheimischen und den am Ende der ersten Reise in der neu gegründeten Siedlung *La Navidad* zurückgelassenen Europäern, die sich als Herren fühlten und benahmen, waren offensichtlich derartig eskaliert, daß die spanische Niederlassung zerstört und die Europäer ermordet worden waren. In der Folge schienen immer mehr Inseln von Menschenfressern bewohnt. Dafür dürfte noch ein weiterer Grund ausschlaggebend gewesen sein: Bereits 1503 wurde durch die spanische Krone die Versklavung von Indianern verboten, und zwar mit Ausnahme von Menschenfressern und Widerstand leistenden Gruppen, deren Zahl daraufhin sprunghaft anstieg. „Unwillige" oder gar „kriegerische Eingeborene", die sich dem Willen der Europäer nicht unterwerfen wollten, waren übrigens jederzeit und überall schnell dem Verdacht des Kannibalismus ausgesetzt.

Bronislaw Kaspar Malinowski (1884–1942), einer der Gründerväter der modernen Ethnologie – der Wissenschaft vom kulturell Fremden[3] –, betonte, daß der sogenannte Wilde dem „zivilisierten" Menschen stets als Spielzeug gedient habe: in der Praxis als bequemes Mittel zur Ausbeutung und in der Theorie als Lieferant gruseliger Sensationen. Er mußte dieser oder jener Hypothese zum Schmuck gereichen, indem er als grausam oder edel, ausschweifend oder keusch, kannibalisch oder human beschrieben wurde.[4]

Der Wilde und der Zivilisierte: Zur Wahrnehmung fremder Wirklichkeiten

„Mancherorts zeigen Männer und Frauen der Navarresen, wenn sie sich wärmen wollen, gegenseitig das, was man scheu verhüllen sollte. Auch treiben die Navarresen schimpflich Unzucht mit Tieren. Man erzählt, gewisse Navarresen brächten

am Hinterteil ihres Maultieres oder ihrer Stute einen Lederriemen an, damit niemand anderes als sie selbst mit dem Tier Unzucht treiben könne. Vor ihren perversen Ausschweifungen sind weder Frauen noch Tiere sicher. (...) Sähst du sie essen, du würdest meinen, Hunde oder Schweine fressen zu hören." Auch ihre Sprache erinnere an das Gekläffe von Hunden.[5] Diese typische Beschreibung aus einem um die Mitte des 12. Jahrhunderts entstandenen Pilgerführer nach Santiago de Compostela – der Autor stammte vermutlich aus der Gegend von Poitou, da nur dieses Gebiet durchgehend positiv geschildert wird – vermittelt einen Eindruck davon, wie Fremde gesehen wurden: Verhaltensweisen, die nicht den eigenen Normen entsprachen, wurden negativ dargestellt und mit stereotypen Verleumdungen vermischt.

Vergleichbare Darstellungen lassen sich bis in das 19. und 20. Jahrhundert als typisch bezeichnen – der Ethnozentrismus des Pilgerführers wird lediglich durch den Eurozentrismus des christlichen Abendlandes ersetzt, die Vorurteile selbst bleiben: ausschweifende Sexualität und Lebensführung, das Fehlen einer richtigen Sprache und Menschenfresserei. Letztere ist im soeben angeführten Text nicht erwähnt, denn immerhin handelte es sich um Christen.

Zitieren wir daher Georg Wilhelm Friedrich Hegel, der sich in seinen zwischen 1822 und 1831 mehrfach gehaltenen Vorlesungen zur „Philosophie der Weltgeschichte" folgendermaßen zum Wesen des Afrikaners äußerte: „*Die Wertlosigkeit der Menschen geht ins Unglaubliche; die Tyrannei gilt für kein Unrecht, und es ist als etwas ganz Verbreitetes und Erlaubtes betrachtet, Menschenfleisch zu essen. Bei uns hält der Instinkt davon ab, wenn man überhaupt beim Menschen vom Instinkte sprechen kann. Aber bei dem Neger ist dies nicht der Fall, und den Menschen zu verzehren, hängt mit dem afrikanischen Prinzip überhaupt zusammen; für den sinnlichen Neger ist das Menschenfleisch nur Sinnliches, Fleisch überhaupt.*"[6] Der Afrikaner wurde somit nicht nur als Kannibale, sondern auch als der Wollust ergeben diffamiert, wie es hier in dem Begriff „sinnlich" anklingt und in anderen kolonialeuropäischen Phantasien über seine angebliche Gier nach weißen Frauen und die angeblich außerordentliche Länge seines Penis zum Ausdruck kommt.

Bereits in Amerigo Vespuccis 1503 erstmals veröffentlichtem Brief *Mundus Novus* finden sich äußerst detaillierte Kenntnisse über die vermeintliche sexuelle Zügellosigkeit der „Wilden“: *„der Sohn schläft mit seiner Mutter, der Bruder mit seiner Schwester, der Vetter mit seiner Base und jeder Mann mit der ersten Frau, die er trifft.“* Er hob insbesondere die Lüsternheit der Frauen hervor, die es vermochten, *„die Zeugungsglieder der Männer so zu erregen, daß diese riesenhaft anschwellen und häßlich und widerwärtig aussehen; dies bewerkstelligen sie mittels eines gewissen Kunstgriffs, dem Biß bestimmter giftiger Tiere. Und eine Folge davon ist, daß viele Männer ihre Zeugungsglieder verlieren, weil sie abbrechen, wenn sie nicht aufpassen, und sie so zu Eunuchen werden.“*[7]

Die an den Küsten Südamerikas angetroffenen Menschen, Vespucci zufolge äußerst langlebig und selten krank, waren angeblich nicht nur promiskuitiv und dem Inzest ergeben, sondern auch kannibalisch, soll doch Menschenfleisch als ganz gewöhnliche Nahrung gegolten haben: *„Man kann das umso eher glauben, als ich gesehen habe, wie ein Mann seine Kinder und seine Frau auffraß. Ich kannte einen Mann, von dem man allgemein annahm, er habe dreihundert Menschen aufgefressen. Einmal war ich siebenundzwanzig Tage lang in einer Stadt, wo Menschenfleisch an den Häusern hing genauso wie bei uns das Fleisch beim Metzger ausgestellt ist.“*[8] Er „wußte“ noch weitere Einzelheiten aus dem Leben der Menschenfresser zu berichten, nämlich über den Umgang mit Feinden, die versklavt wurden: Mit den Frauen schliefen sie, und die jungen Männer verheirateten sie mit ihren Töchtern, um sie samt der Kinder, die aus solchen Verbindungen stammten, zu gewissen Zeiten zeremoniell zu töten und zu verspeisen. *„Das alles ist sicher, denn wir fanden in ihren Häusern viel zum Räuchern aufgehängtes Menschenfleisch, und zehn arme Kreaturen kauften wir ihnen ab (...). Ich kann nur sagen, es ist unmenschlich; einer von ihnen hat mir gestanden, das Fleisch von über zwei-*

Abb. 8: O. Dapper: Die Unbekannte Neue Welt ... (1673). Menschenfresser in Brasilien

hundert Menschen gegessen zu haben, und ich glaube das und damit genug."[9]

Mit diesem Glauben stand er nicht allein, wurde doch der vermeintliche Kannibalismus in den folgenden Jahrhunderten *das* Kennzeichen indianischer Kulturen. Zeitgenossen Vespuccis bezweifelten seine Angaben über das Klima, die Vegetation und die helle Hautfarbe der Küstenbewohner, die nach der damaligen Auffassung aufgrund der starken Sonneneinstrahlung der der Afrikaner entsprochen haben müßte – nicht aber seine Beschreibung der sexuellen und kannibalischen Gewohnheiten.[10]

Auch heute noch gelten diese absurden Menschenfresser-Geschichten als grundsätzlich authentisch, nicht zuletzt wegen der von Vespucci erwähnten zeremoniellen Tötung der Gefangenen,[11] eines Details, das in späteren Quellen immer wieder auftaucht, wie wir noch sehen werden. Der ebenso absurd wie ausführlich beschriebene Inzest und die Lüsternheit der Frauen finden dagegen keine Beachtung mehr oder werden seiner Phantasie zugeschrieben.

Jedenfalls konnte Vespucci die von ihm dargestellten Sachverhalte weder beobachtet noch sonstwie erfahren haben, schon allein wegen seiner jeweils nur recht kurzen Aufenthalte und aufgrund der enormen Sprachschwierigkeiten. Gesehen haben mochte er vielleicht zum Räuchern aufgehängtes „Fleisch", das offenbar die Grundlage seiner Ausführungen bildet – um was es sich dabei handelte, bleibt allerdings fraglich. Möglicherweise sah er Trophäen aus menschlichen Gliedmaßen, die in zahlreichen späteren Quellen beschrieben werden, vielleicht auch Körperteile von Affen, die sich nur schwer von menschlichen unterscheiden lassen, wie der Naturforscher und Brasilien-Reisende Maximilian zu Wied-Neuwied (1782–1867) treffend bemerkte: Er betonte zwar, daß viele Kannibalismus-Beschuldigungen wohl berechtigt seien, jedoch hätte man *„vielleicht manchen derselben zuviel getan; denn getrocknete Affenglieder gleichen den menschlichen gar sehr und können also dafür gehalten worden sein. Eine solche Bewandtnis kann es auch mit dem Fleisch gehabt haben, welches Vespucci in den Hütten der Wilden fand.*"[12]

Vielleicht beruht Vespuccis Beschreibung der kannibalischen und sexuellen Gewohnheiten aber auch ausschließlich auf seiner eigenen Phantasie und der anderer, wie beispielsweise auf der des Hofchronisten Peter Martyr, der die frühen Berichte von Kolumbus und anderen sammelte und bearbeitete.[13] Sicher ist: Vespuccis Briefe waren Bestseller, die in zahlreichen Auflagen erschienen und eine weite Verbreitung fanden, was ohne die ausführlich dargestellten, schockierenden Einzelheiten kaum möglich gewesen wäre.

Die in den Briefen geschilderten *„new gefunden menschen oder voelcker*" werden durch all das charakterisiert, was ihnen angeblich fehlt: Sie hätten kein Eigentum, keinen König, keine Regierung, keine Gesetze, keine Religion und würden nicht einmal Götzen anbeten. Die so gezeichnete verkehrte Welt findet ihre Bestätigung in den zugeschriebenen Verhaltensweisen der Promiskuität und des Kannibalismus, die tatsächlich nur das Gegenbild, die Negation der in der eigenen Kultur als richtig erachteten sittlichen und moralischen Normen darstellen. Man kann sie als Abbild von Vespuccis eigenen Ängsten und Wünschen bezeichnen, als Ergebnis der Verarbeitung des von ihm erfahrenen Schocks durch die Konfrontation mit einer fremden Kultur. Diesen überwand er mit Hilfe von traditionellen Bildern und eigenen Wertvorstellungen, untermalt von tatsächlichen Beobachtungen etwa zum Aussehen der Menschen, und ordnete damit die anderen in seine Welt ein.

Insbesondere die nackte, männermordende Kannibalin, wie sie Vespucci in der bereits erwähnten Szene schilderte, bei der ein Matrose erschlagen und verspeist worden sein soll, wurde in den folgenden Jahrhunderten zum Symbol für die Neue Welt. Die angeblich typischen Verhaltensweisen wurden mit Hilfe von Bildern anschaulich dargestellt, so beispielsweise auf einem Holzschnitt von 1509: Ein „Metzger" zerhackt menschliche Gliedmaßen und wird dabei von einer Frau beobachtet, die ihre Scham und ihre Brüste streichelt. Diese Verbindung zwischen Kannibalismus und weiblicher Erotik sollte offenbar das hexenhafte Wesen der Indianerinnen unterstreichen, ebenso wie ihre angeblich maßlose sexuelle Gier, die den Verlust der männlichen Zeugungsglieder zur Folge haben konnte – auch bei europäischen Hexen fürchtete man deren Fähigkeit, Impotenz zu verursachen. Ihre vermeintliche Bestätigung fand diese Phantasie in späteren Reiseberichten, wurde doch von den Frauen der „Wilden" behauptet, insbesondere sie seien es, die nach Menschenfleisch gierten und die Männer zur Jagd auf neue Opfer antrieben. Die frühen Entdeckerberichte und die sie begleitenden Illustrationen dürften aber die Vorstellungen und die Erwartungshaltung der Leser in einem solchen Ausmaß geprägt haben, daß später kaum ein Autor auf die Darstellung entsprechender Züge verzichten konnte,[14] und wir es mit einem Stereotyp zu tun haben.

Jedes Individuum bildet, geprägt durch Kultur, Gesellschaft, Überlieferung und individuelle Momente, Wahrnehmungs-

Abb. 9: A. Vespucci: Diß büchlin saget ... (Holzschnitt 1509)

muster aus, die die Orientierung erleichtern. Diese als *stereotype Systeme* bezeichneten Konventionen, denen unsere Wahrnehmung unterliegt, sind schematische Interpretationsformen der Wirklichkeit, die im Dienst einer allseitigen, aber vereinfachten Orientierung in der Umwelt und deren Bewältigung stehen. Sie befreien das Individuum von der Ungewißheit der jeweiligen Situation, mit der es konfrontiert wird – die Unüberschaubarkeit der Wirklichkeit wird strukturiert. Aus der unendlichen Vielfalt der uns umgebenden Welt greifen wir meist das heraus, was von der Kultur schon definiert ist, und pflegen es dann in dieser überlieferten stereotypen Form wahrzunehmen, als *Bilder in unseren Köpfen* – eben als Stereotype.[15]

Wie sehr unsere Wahrnehmung der Wirklichkeit von Vorannahmen bestimmt wird, mag ein Beispiel verdeutlichen: Als ein Mbuti-Pygmäe seine gewohnte Umgebung, den dichten Regenwald, erstmals verließ und in der Steppe in einiger Entfernung Büffel sah, wollte er von seinem Begleiter, einem Ethnologen, wissen, was dies für Insekten seien: „*Zuerst verstand ich ihn nicht, aber dann begriff ich, daß die Sicht im Regenwald so beschränkt ist, daß es nicht notwendig ist, bei Größenschätzungen die Distanz automatisch miteinzuberechnen. Hier in der Steppe schaute Kenge zum ersten Mal über scheinbar unendliche Meilen ihm unvertrauten Graslandes, ohne irgendetwas, das den Namen Baum verdient hätte, zum Vergleich zu haben (...). Als ich Kenge sagte, die Insekten seien Büffel, brüllte er vor Lachen und sagte, ich sollte nicht so idiotische Lügen erzählen (...).*“[16] Was also ist Wirklichkeit, wenn nicht ein Bild in unserem Kopf?

Ethnische Stereotype sind zumeist starre Bilder – sie können als ein strukturiertes System von Merkmalen definiert werden, das relativ wenige, auffällige und häufig zu Unrecht zugeschriebene Merkmale betont und sich gegenüber widersprechender Erfahrung oder Information als äußerst widerstandsfähig erweist. Sie wurzeln auch in der historischen Vergangenheit einer Gruppe und sind Teil ihres kulturellen Erbes; es handelt sich um allgemeine Formeln, die als Klischees oder Topoi überliefert werden und noch vor der ersten Begegnung mit einer Fremdkultur als Vorverständnis, als Vorwissen im Reisenden bestimmte Vorstellungen und Erwartungen entstehen lassen. Die Konzepte der Eigenkultur dienen als Orientierung, wobei sich die Aufmerksamkeit zunächst auf die Frage der Übereinstimmung beziehungsweise der Abweichung richtet.[17] Der direkte Kontakt mit einer Fremdgruppe mag die Distanz und das Gefühl der Fremdheit verringern, eine gänzlich vorurteilslose Annäherung liegt jedoch nicht im Bereich des Möglichen.

Die Beständigkeit von ethnischen Vorurteilen sei mit folgender Geschichte illustriert: Auf einer Reise durch Namibia lernten wir sehr reizende und hilfsbereite Weiße verschiedenen Alters kennen, die, wie sich herausstellte, das repräsentierten, was man sich unter einem typischen Südwester vorstellt. Die abendliche Unterhaltung am Grill drehte sich unter anderem um ihre schwarzen Mitbürger – sie warnten uns eindringlich davor, Tramper mitzunehmen (was wir bereits getan hatten), und rieten uns von einer Fahrt in den Norden des Landes ab, vor allem wegen der unberechenbaren und gefährlichen Schwarzen dort oben. Auf meine Frage hin, ob es sich auch um Kannibalen handele, bekamen wir eine bejahende Antwort – 1994! Vorurteile sind, wie diese Unterhaltung zeigt, kaum ausrottbar. Überflüssig zu erwähnen, daß wir weder gefressen noch ermordet oder im geringsten bedroht wurden, wenn auch unsere Bereitschaft, überall jeden mitzunehmen, zugegebenermaßen nachließ.

Die den Reisenden mögliche Sicht der Wirklichkeit ist in hohem Maß von ihren Erwartungen und ihrem Vorverständnis geprägt. Abgesehen davon, daß bei Reisen in die Fremde ohnehin damit gerechnet wurde, auf Menschenfresser zu stoßen, konnten bestimmte Details wie etwa menschliche Knochen in Hütten und Dörfern oder die Zerlegung von Getöteten kaum anders denn als Bestätigung dieser Erwartungen gedeutet werden – der Reisende sah eine Wirklichkeit, die er bereits mit sich brachte, er interpretierte bestimmte Gegenstände und Handlungen gemäß seinem Wahrnehmungsmuster. Für die Frage, ob dieses Muster mit der Wirklichkeit der Beobachteten übereinstimmt, wir es also tatsächlich mit Menschenfressern zu tun haben, ist das Vorhandensein von Augenzeugen, die den Verzehr menschlicher Körper(teile) selbst sahen, von entscheidender Bedeutung – fehlen sie, so muß davon ausgegangen werden, daß es sich bei den Menschenfresser-Geschichten um Stereotype und Vorurteile handelt.

Derartige Vorurteile konnten auch durch Erzählungen der „Eingeborenen“ selbst bestätigt, ergänzt und erweitert werden, denn Vorstellungen über Menschenfresserei haben eine weite Verbreitung, beispielsweise in mythischen Überlieferungen, im Hexenglauben, in Redewendungen oder als anderen Völkern zugeschriebene Verhaltensweise – Ethnozentrismus und damit verbundene negative Stereotype sind keineswegs nur der europäischen Kultur eigen. Dies setzt jedoch voraus, daß die Sprache keine unüberwindliche Barriere mehr darstellte.

„Ihr Weißen seid zu sauer.“
Über Sprache und Verstehen

Der bereits erwähnte Ethnologe Bronislaw Kaspar Malinowski, dessen Methode der *teilnehmenden Beobachtung* seit seinen bahnbrechenden Forschungsarbeiten auf den Trobriand-Inseln (Melanesien) in den Jahren des Ersten Weltkriegs zur Grundlage jeder ethnologischen Arbeit wurde, bezeichnete es als oberstes Ziel der Ethnologie, den Standpunkt des Eingeborenen, seinen Bezug zum Leben zu verstehen und sich seine Sicht seiner Welt vor Augen zu führen. Dies sei nur durch den engen Kontakt mit den Eingeborenen möglich. Der Feldforscher müsse seine bequeme Position im Liegestuhl auf der Veranda des Missionsgeländes oder im Bungalow des Farmers aufgeben, wo er gewöhnt sei, Berichte von Informanten zu sammeln. Statt dessen müsse er hinaus in die Dörfer gehen, um den Eingeborenen selbst zuzusehen und direkte, nicht tropfenweise aus widerwilligen Informanten herausgequetschte Informationen über ihr Leben zu erlangen.[18] Damit beschrieb er einerseits die von ihm geforderte Vorgehensweise, andererseits aber auch sehr anschaulich die zuvor übliche Arbeitsmethode.

Der Periode der teilnehmenden Beobachtung ging die Zeit der Kolonialbeamten, der zum Teil ethnologisch geschulten Reisenden, der Missionare, Konquistadoren und Entdecker voraus, deren Berichte zahlreiche Informationen über kannibalische Sitten enthalten. Ihre Kontakte mit fremden Gesellschaften waren meist oberflächlich oder beschränkten sich auf „europäisierte Eingeborene", die als Dolmetscher, Informanten, Träger und Diener benutzt wurden. Ausnahmen bildeten zum einen Missionare, deren Aufgabe einen engen Kontakt und Kenntnisse der Sprache der zu missionierenden Gruppe zur Voraussetzung hatte, deren Sicht jedoch häufig durch diese Aufgabe, die Bekehrung, bestimmt und vor allem begrenzt war. Zum anderen gab es sogenannte kulturelle Überläufer, von denen Selbstzeugnisse im allgemeinen nur dann existieren, wenn ihr Versuch, ein neues Leben in einer fremden Kultur zu führen, gescheitert war. Der Begriff Überläufer läßt nicht ohne Grund an Verrat denken – sie wurden mit Mißtrauen betrachtet, und Gerüchte, daß sie sich an heidnischen Gebräuchen und kannibalischen Gelagen beteiligt hätten, entstanden schnell und riefen Abscheu hervor. Daher sind die Berichte derjenigen, die in ihre eigene Kultur zurückgefunden haben, oft durch das Bemühen gekennzeichnet, sich als passive Opfer, als Gefangene oder Schiffbrüchige, darzustellen und ihre Rückkehr in die Zivilisation durch eine Negativzeichnung der fremden Kultur vor anderen und wohl auch vor sich selbst zu rechtfertigen.[19]

Die mangelnde oder fehlende Sprachkenntnis von Reisenden und Ethnographen ist ein noch bis in das 20. Jahrhundert hinein charakteristisches Problem. Die Verständigung erfolgte mittels Zeichensprache, über einen oder mehrere Dolmetscher und mit Hilfe von Pidgin-Englisch oder einer vergleichbaren rudimentären „Sprache", deren Ausdrucksmöglichkeiten äußerst begrenzt sind. Dessen ungeachtet finden sich in Reiseberichten häufig Gespräche oder Bemerkungen in wörtlicher Rede aufgezeichnet, die offensichtlich gar nicht hatten verstanden werden können. So gab zum Beispiel Ta'unga, der zu den ersten polynesischen Missionaren gehörte und Mitte des 19. Jahrhunderts die kannibalischen Sitten auf Neukaledonien beschrieb, wörtlich die Unterhaltung zwischen einem Häuptling und dessen Sohn wieder, die angeblich die Wahl des zu verzehrenden Opfers besprachen. Er versuchte zwar, sie von derartigen Handlungen abzubringen, konnte sich aber nicht verständlich machen, da er, so wird ausdrücklich betont, ihre

Sprache nicht beherrschte.[20] Hier dürfte sich jeder Kommentar erübrigen.

Selbst wenn oberflächliche Sprachkenntnisse vorhanden sind, so heißt das nicht, daß auch die Bedeutung im jeweiligen kulturellen Zusammenhang erfaßt werden kann, wie der Ethnologe Erwin Frank anschaulich beschrieb: Wenn ein indianischer Informant sich nicht in seiner eigenen Sprache ausdrükken darf, mag es sein, daß er die Praxis des endokannibalischen Knochenaschetrinkens als *„comen los parientes"* (Essen der Verwandten) bezeichnet, wodurch in der Vorstellung eines mit der Kultur unvertrauten Empfängers dieser Information zweifellos gleich ein Kochtopf erscheint.[21]

Zu den wichtigsten Informationsquellen, oft auch den einzig genutzten, gehörten die in den jeweils aufgesuchten Gebieten ansässigen Weißen – Kolonialbeamte, Händler, Siedler und Missionare, die zumeist eine eng zusammenhaltende, sich gegenüber den Eingeborenen bewußt abgrenzende, ethnozentrische Vorurteile pflegende Gemeinschaft bildeten und zudem ein Interesse des Reisenden oder Ethnologen an den Eingeborenen im allgemeinen befremdlich fanden. Weiterhin spielten Eingeborene, die im Dienst von Weißen standen, eine wichtige Rolle, da sie die Sprache der Europäer mehr oder weniger gut beherrschten und auch als Dolmetscher verwendet werden konnten, ihren eigenen Gesellschaften aber schon weitgehend entfremdet waren und häufig die Vorurteile der Weißen teilten.[22]

Thomas Winterbottom stellte 1803 in einem Werk über Sierra Leone die Schwierigkeiten dar, zuverlässige Informationen von den Einheimischen zu erhalten, denn häufig würden sie den Europäer dadurch in die Irre führen, daß sie Fragen bejahten, bloß um der Störung oder Zudringlichkeiten zu entgehen. Zuweilen *„erwecken solche Fragen auch den Argwohn der Afrikaner, die hinter der Neugierde der Europäer irgendeine üble Absicht vermuten. (...) auch ist es nötig, die Aussagen verschiedener Individuen miteinander zu vergleichen, um die Gefahr von Mißverständnissen zu vermeiden. Selbst Dolmetschern kann man nicht blindlings Vertrauen schenken, weil sie* *dazu neigen, Antworten so zu färben, daß sie der Erwartung ihres Herrn entgegenkommen.*"[23] Die Erwartung ist aus den Fragen und aus der Reaktion auf die Antworten ablesbar, so daß diese entsprechend formuliert werden können, sei es aus Höflichkeit, sei es, um eine Bezahlung nicht zu gefährden oder den lästigen Fragesteller möglichst schnell wieder loszuwerden.

Es ist zudem keineswegs davon auszugehen, daß Einheimische einem vorbeireisenden Fremden ausführliche Informationen über Intimitäten ihrer Kultur preisgaben oder ihm auseinandersetzten, was für sie bedeutsam war. Hinzu kommt, daß Reisende hauptsächlich an den Dingen Interesse hatten, die ihnen als eigenartig, roh und sensationell erschienen, weniger an denen, die das Leben tatsächlich größtenteils ausmachten. Dies ließ den Eindruck entstehen, das normale Alltagsleben habe nur zweitrangige Bedeutung – die Eingeborenen erschienen als kindisch, abergläubisch und unfähig zu kritischem, zusammenhängendem Denken, offensichtlich angewiesen auf Betreuung und missionarischen Eifer.[24]

Viele weitere Aspekte können den Inhalt und die Form von Aussagen bestimmen, so beispielsweise idealtypische Vorstellungen der Informanten von Verhaltensweisen, machtpolitische Erwägungen und Feindschaften. Von Bedeutung ist ferner, welche Personen als Informanten herangezogen wurden – häufig handelte es sich, neben „europäisierten Eingeborenen", um Männer, Älteste und Personen mit hohem Status, die diesen rechtfertigen und bewahren wollten und ihre Aussagen entsprechend gestalteten.[25]

Auch können unbekannte, unsympathische oder dumm erscheinende Fragesteller nicht damit rechnen, eine ernsthafte Antwort zu bekommen – derart dürften viele Europäer seitens der Eingeborenen beurteilt worden sein. Es ist daher kaum verwunderlich, wenn sie belogen oder zum Narren gehalten wurden, wenn man sich über ihre Leichtgläubigkeit amüsierte und ihren merkwürdigen Interessen mit dem Erzählen entsprechender Geschichten entgegenkam, zumal man dafür womöglich auch noch ein Geschenk oder eine Bezahlung erhielt.[26]

Der Forschungsreisende und Botaniker Carl Philipp Friedrich von Martius (1794–1868) berichtete über die am oberen Amazonas lebenden Miranhas, die kaum bekannt, aber weithin als Kannibalen gefürchtet waren, daß sie ihre Alten und Kranken wie auch die im Kampf getöteten Feinde äßen. Von einem Häuptling dieses Stammes ließ er sich über Dolmetscher die Ursachen der Menschenfresserei erklären: „*Ihr Weissen wollt weder Krokodile noch Affen essen, obgleich sie wohl schmekken. (...) Dies alles ist nur Gewohnheit. Wenn ich den Feind erschlagen habe, ist es wohl besser, ihn zu essen als verderben zu lassen. (...) Das Schlimmste ist nicht das Gefressen werden, sondern der Tod; und bin ich erschlagen, so ist's dasselbe, ob der (...) Feind (...) mich frisst oder nicht. Ich wüsste aber kein Wild, das besser schmeckte als jener, freilich ihr Weissen seid zu sauer.*" Der Häuptling oder auch der Dolmetscher besaß offenbar viel Humor. Weiterhin ließ Martius fragen, ob sein Stamm die Gefangenen auch esse und auszöge, um zu diesem Zweck Gefangene zu machen. „*Einen Gefangenen zu fressen, den ich verkaufen kann, wäre ja unklug: Branntwein schmeckt besser denn Blut; aber den Amáua, der sich eher selbst aushungert, als unter die Weissen verhandeln lässt, und der uns so viele gefressen hat, bringen wir lieber gleich um.*"[27] Ganz ohne Absicht wurden diese Geschichten offenbar nicht erzählt, berichtete doch Martius an späterer Stelle, daß während seiner Anwesenheit ein Streifzug gegen einen Nachbarstamm unternommen wurde, um die Gefangenen dann an ihn zu verkaufen.

Beispiele dieser Art sind charakteristisch und zeigen, mit welchen Erwartungen und welchem Urteil Reisende den Eingeborenen gegenübertraten – bereit, alles zu glauben, was ihren Vorstellungen entgegenkam. Und dies, ohne den Verzehr von Menschenfleisch je selbst zu sehen und erstaunlicherweise auch ohne Angst, selbst gefressen zu werden, eine Tatsache, die angesichts der damaligen Auffassungen über Wesen und Charakter der „Wilden" einigermaßen verwundert.

„Wären wir an Land gegangen, hätten uns die Wilden gefressen." Zur Qualität der Quellen

Bereits Ende des 19. Jahrhunderts stellte der Geograph und Kulturhistoriker Friedrich Ratzel (1844–1904) die Frage, ob die Anthropophagie als Sitte überhaupt existiere. Er bejahte sie zwar, machte aber auch darauf aufmerksam, daß sich viele Berichte schon auf den ersten Blick als nicht vollkommen stichhaltig aussondern ließen, da sie für die verschiedensten Teile der Erde fast gleichlautend seien oder auffallend ähnliche Nebenumstände beschrieben. Kannibalismus-Beschuldigungen nähmen als Attribut der Barbarei den ersten Platz unter den Völkerverleumdungen ein. Vielen Reisenden sei eine Neigung zu starken Behauptungen eigen, da man Aufregendes zu berichten wünsche. Auch hätten Bilder wie etwa die von europäischen Metzgerläden, die mit Menschenfleisch gefüllt nach Afrika versetzt wurden, manche Phantasie befruchtet und einer großen Leichtgläubigkeit die Tore geöffnet.[28] Es war also nicht erst Ewald Volhard, der 1939 in seiner Studie zum Kannibalismus auf die außerordentlich schlechte Qualität der Zeugnisse hinwies – was ihn nicht davon abhielt, sie dennoch gänzlich unkritisch zu verwenden.

Auffällig ist eine große Naivität hinsichtlich der häufig festgestellten Tatsache, daß die Eingeborenen die von ihnen angeblich ausgeübte Menschenfresserei offenbar sofort aufgaben, wenn sie mit Europäern in engeren Kontakt kamen oder diese sich in ihrer Nähe angesiedelt hatten. Oftmals wurde deren vermeintliche Scheu betont, kannibalische Handlungen vor Weißen auszuüben, woraus man den Eindruck gewann, daß *„ein zeitweilig unterdrücktes Gefühl von Menschlichkeit sich gegen sie in dem Augenblick erklärt, wo äussere Umstände deren Hervortreten begünstigen."*[29] Diese höchst merkwürdigen Einschätzungen, die anderen Völkern die moralischen Urteile der westlichen Zivilisation unterstellen, finden sich in vielen Arbeiten der damaligen Zeit. Einerseits wurde Kannibalismus als Institution, als Sitte vieler Gesellschaften beschrieben, die aus religiösen, ernährungsbedingten oder auch rein geschmacklichen Gründen gepflegt würde. Andererseits gab es keinen Brauch, der, sobald die Eingeborenen von seiner „Schändlichkeit" erfuhren, angeblich so schnell und ohne den geringsten Widerstand aufgegeben wurde wie dieser – anders als beispielsweise Polygamie oder Kopfjagd, die trotz der vergleichbar negativen Einschätzung seitens der Weißen beibehalten wurden.

Entscheidend für die Beurteilung der Quellen zum Kannibalismus ist die Frage, ob Augenzeugen für das Essen von Menschen existieren; ansonsten muß davon ausgegangen werden, daß die Berichterstatter Mißverständnissen erlagen, die Wirklichkeit ihrem Vorwissen entsprechend sahen und außerdem voneinander abschrieben. Bewußte Lügen dürften dagegen eine eher untergeordnete Rolle gespielt haben, denn sie würden das Wissen voraussetzen, daß es sich bei den jeweils beschriebenen Menschen nicht um Kannibalen handelte – kaum einer der Reisenden hielt sich jedoch lange genug bei ihnen auf, um ein solches Wissen erlangen zu können, und auch längere Aufenthalte müssen nicht unbedingt zu besseren Beobachtungen führen. Zudem wären die Berichte dann auch bewußter gefälscht worden, was vermutlich eine bessere „Beweislage" in den Quellen zur Folge gehabt hätte. Die Reisenden waren jedoch meist so überzeugt von ihrer Annahme, die anderen seien Kannibalen, daß sie tatsächlich das beschreiben, was sie meinten beobachtet und gehört zu haben. Daher zeigen sich häufig zwei Schichten, die sich nach dem trennen lassen, was gesehen oder gehört und dem, was vermutet, abgeschrieben oder erfunden wurde.

Die Informationen zum Kannibalismus beruhen vorwiegend auf Gerüchten und auf der entsprechenden Interpretation von Indizien, ferner auf mythischen Erzählungen und auf Beschuldigungen anderer Stämme, Stammesteile, Klassen oder des anderen Geschlechts. Die Zuschreibung kannibalischer Handlungen stärkt Machtpositionen und wurde auch zu diesem Zweck benutzt, so daß „Bekenntnisse" von Kannibalen keine Seltenheit sind. Zudem konnte etwa die Erziehung auf einer Missionsstation dazu führen, die Vergangenheit mit den Augen der Eroberer und nicht im Licht der eigenen Tradition zu sehen. Kannibalismus diente weiterhin der beabsichtigten Verleumdung, wurde gerne Widerstand leistenden Stämmen unterstellt und ist Resultat ethnologischer Rekonstruktionen der Gegenwart oder der Vergangenheit. Häufig erscheint er in Verbindung mit sexueller Zügellosigkeit, Orgien und Inzest. Dies mag damit zusammenhängen, daß das in der eigenen Kultur Verbotene und Unterdrückte als Metapher dient, um fremdes, gegen die Gemeinschaft gerichtetes und „vorkulturelles" Verhalten zu beschreiben.

Ein großer Teil der entsprechenden Berichte beruht auf Gerüchten, auf Geschichten vom Hörensagen aus zweiter oder dritter Hand, die von den im jeweiligen Gebiet lebenden Weißen, von benachbarten Stämmen und aus der in der Heimat bereits zu Rate gezogenen Literatur stammen:

Der Jesuitenpater Samuel Fritz, der 1684 als Missionar nach Südamerika kam und dort den Rest seines Lebens unter den *„Naturkindern, die gefährlicher als wilde Tiere waren"*, verbrachte, führte ein Tagebuch, in dem er seine Erlebnisse schilderte. Noch während der Anreise zum Amazonas, bevor er selbst Kontakt zu Indianern aufnehmen konnte, fürchtete er sich bereits vor den Kariben oder Menschenfressern am rechten Ufer des Stroms, die, so seine Überzeugung, nicht zulassen würden, daß sich dort ein Fremder aufhalte. Ihm wurde jedoch erzählt, daß sich hier *„allerdings mehrere Holländer aufhielten, die sich sogar in eheliche Verbindungen mit den Karibenweibern eingelassen hatten und den Wilden die Gewehre lieferten, mit welchen sie die Missionare erschießen. Wir sahen eines dieser Weiber, als wir nahe dem Ufer dahinfuhren. Es war völlig nackt und zeigte uns durch eine unzüchtige Gebärde an, wir sollten uns seiner bedienen. Wären wir an Land gegangen, hätten uns die Kariben gefressen."*[30] Hier zeigt sich ein bereits aus Europa mitgebrachtes stereotypes Kannibalenbild, ergänzt durch im Land kursierende Gerüchte über kulturelle Überläufer, vermischt mit diffusen Ängsten vor Gefahren und sexuellen Bedrohungen oder Wünschen – dies verdeutlicht nicht nur die Einstellungen, mit denen man Fremden gegenübertrat, sondern auch die psychischen Belastungen, denen Reisende ausgesetzt sein konnten. Pater Fritz beschrieb später ihm unbekannte oder „seinem“ Stamm feindlich gegenüberstehende Gruppen als Menschenfresser, nicht jedoch die Omagua, bei denen er missionierte, die aber wiederum in anderen Berichten als solche charakterisiert wurden.[31]

Häufig galten Eingeborene als Kannibalen, die den Europäern Widerstand leisteten – so bezeichnete etwa Bernal Diaz del Castillo (1498–1582), Teilnehmer an und Chronist der Eroberung Mexikos durch Hernán Cortés, die Einwohner der Provinz Panuco als bösartig, schmutzig und roh: *„Die Leute waren dem Trunk ergeben, wälzten sich im Schmutz und gaben sich jeder unnatürlichen Lust hin. Eines Tages erging es ihnen, wie sie es verdienten“* – sie wurden als Rache für ihren Widerstand gegen die Spanier getötet oder versklavt. Diese hatten geplündert, vergewaltigt und sich benommen, als ob *„sie in der Türkei wären“*, wogegen die Einwohner sich wehrten und über 500 Mann erschlugen. Die meisten wurden geschlachtet und verzehrt – so behauptete jedenfalls Diaz del Castillo, obwohl weder er noch ein anderer Augenzeugen waren.[32] Sicher ist: Die Einwohner hatten sich gegen die grausame Behandlung durch die Spanier zur Wehr gesetzt, und ihre Stigmatisierung als Trinker, Sodomiten und Menschenfresser „rechtfertigte“ allemal ihre Niedermetzelung.

Die bereits vorhandene Überzeugung, es mit Kannibalen zu tun zu haben, mochte aufgrund der entsprechenden Interpretation von Indizien bestätigt werden. Dies läßt sich anhand des Augenzeugenberichts von Reverend (Pastor) Hunt zeigen, der 1840 nach Somo-Somo (Fidschiinseln) kam, um dort eine Missionsstation einzurichten. Einige Monate nach seiner Ankunft fand ein Überfall auf ein feindliches Dorf statt. Elf Leichen einschließlich die des Häuptlings wurden zurückgebracht und angeblich zerlegt, gekocht und verzehrt, was Reverend Hunt sehr plastisch beschrieb.[33] Tatsächlich beobachtet hatte er das Zerlegen der Leiche des Häuptlings im Bereich des Tempels, der seinem Haus gegenüber lag – er zog sich jedoch dann in sein Haus zurück und schloß Fenster und Türen, da er den Anblick und den Geruch nicht mehr ertragen und somit auch das von ihm vermutete Essen nicht beobachten konnte. Sein Benehmen wurde sichtlich als Affront aufgefaßt, denn man drohte ihm und seiner Frau dieselbe Behandlung an, sollte er sich nochmals in dieser Art und Weise verhalten, was die schwierige Stellung des Missionars verdeutlicht. Ähnlich aufschlußreich für die Beurteilung der Beziehungen zwischen Missionaren und Einheimischen sind Angaben wie die eines gewissen Reverend Watsford, dem zufolge 1846 ein Christ gegessen worden sein soll, dessen Knochen vor die Tür der Mission geworfen wurden.[34] Hier dürfte zutreffen, was der Ethnologe Ioan M. Lewis feststellte: Die Vorstellung des Kannibalismus gibt durch seine Verbindung mit der rohen Natur eine Reihe von Metaphern an die Hand, mit denen sich die Themen Macht, Herrschaft und Unterwerfung ausdrücken lassen.[35]

Die vermeintlichen Augenzeugenberichte zum Kannibalismus in Fidschi sind sämtlich von der geschilderten Qualität: Alles mögliche ist beobachtet worden – das Zerlegen und Kochen von Leichen, Knochen, die auf Bäume beziehungsweise zwischen Astgabeln gelegt worden und mit diesen verwachsen waren, aus Knochen gefertigte Gegenstände und natürlich „Abfallhaufen", da man ja keineswegs alle Knochen verwertete –, nur nicht der Akt des Essens selbst, trotz zahlreicher Gelegenheiten. Daher ist zu bezweifeln, daß dieser stattfand; das Kochen von Leichen dürfte der Gewinnung von Knochen gedient haben, nicht der Zubereitung von Mahlzeiten.

Augenzeugen einer kannibalischen Handlung wurden Georg Forster und ein Teil der Mannschaft des Schiffes *Resolution* während ihres zweiten Aufenthalts im Königin-Charlotte-Sund in Neuseeland, wie Forster 1777 berichtete: Einige Offiziere gingen an Land, um Handel zu treiben, und sahen Eingeweide am Strand liegen. Die anwesenden Einheimischen zeigten ihnen die zerstückelten Überreste des Körpers eines im Kampf Erschlagenen und *„gaben mit Worten und Gebehrden* *zu verstehen (...), daß sie das übrige gefressen hätten.*" Herr Pickersgill, einer der Offiziere, tauschte den Kopf, dem der Unterkiefer fehlte, gegen einen Nagel ein und stellte ihn dann oben auf dem Geländer des Verdecks zur Schau. Einige Neuseeländer kamen an Bord und bezeugten angeblich ein großes Verlangen nach dem Kopf, „*und gaben durch Zeichen deutlich zu verstehen, daß das Fleisch von vortreflichem Geschmack sei. Den ganzen Kopf wollte Herr Pickersgill nicht fahren lassen, doch erbot er sich ihnen ein Stück von der Backe mitzutheilen, und es schien als freuten sie sich darauf. Er schnitt es auch würklich ab und reichte es ihnen; sie wolltens aber nicht roh essen, sondern verlangten es gar gemacht zu haben. Man ließ es also in unsrer aller Gegenwart ein wenig über dem Feuer braten, und kaum war dies geschehen, so verschlungen es die Neu-Seeländer vor unsern Augen mit der größten Gierigkeit.*"[36] Wie dieser Vorfall von den Europäern, die ihn ja selbst inszenierten oder erzwangen, interpretiert wurde, ist eindeutig. Hingegen ist keineswegs klar, was die Maoris wollten, tatsächlich sagten – die Verständigung erfolgte ja mittels Zeichensprache – oder über das Verhalten der Europäer dachten: Wahrscheinlich waren sie der Meinung, es mit Menschenfressern zu tun zu haben. Auf alle Fälle war das Verhältnis zwischen Einheimischen und Europäern von Mißverständnissen, Gewalttätigkeiten und Kämpfen geprägt, wie in Forsters Reisebericht nachgelesen werden kann.[37] Möglicherweise sahen sich die Neuseeländer gezwungen, die „Gastfreundschaft" der Schiffsmannschaft anzunehmen, vielleicht auch im Glauben, nur so ihr Ziel erreichen zu können, was immer dieses gewesen sein mag (die Rückgewinnung des Kopfes?).

Viele Völker waren schon als Kannibalen „bekannt", bevor irgendein Europäer sie überhaupt zu Gesicht bekam, so beispielsweise die schon mehrfach erwähnten, damals „Niam Niam" (Viel- oder Menschenfresser) genannten Azande im südlichen Sudan, denen man nachsagte, sie würden gefallene Feinde verspeisen, Menschen zu diesem Zweck rauben sowie Alte und Kranke töten und verzehren. Zudem besaßen sie angeblich Hundezähne oder Hundegesichter und Schwänze. Ein gewisser Dr. Hubsch berichtete, daß er 1852 erstmals eine „geschwänzte Negerin" gesehen habe, die nach Auskunft ihres Besitzers, eines Sklavenhändlers, eben diesem Stamm angehöre. Dieser bestände aus Menschen, die schwer zu zähmen seien, ihnen anvertraute Kinder äßen, keine Moralbegriffe hätten und Sitten wie Inzest und Ehebruch pflegten. Die Frau hatte seiner Beschreibung zufolge gefeilte Zähne, blutunterlaufene Augen, aß rohes Fleisch und erwies sich wegen ihrer angeblichen Vorliebe für Menschenfleisch als unverkäuflich.[38] Gerüchte dieser Art kursierten sowohl unter benachbarten Stämmen als auch unter europäischen und arabischen Reisenden und Händlern. Sie riefen Furcht hervor, wie der Bericht über eine Reise zu den Bari – Nachbarn der Azande – aus der Mitte des 19. Jahrhunderts zeigt: Ein Teilnehmer der Reise habe sich schon in Chartum vor den „Niam Niam" gefürchtet, jetzt aber stieg *„seine Furcht auf eine wirklich kindische Art, weil er außer Selim Capitan am stärksten beaucht war. Er dachte sich nicht anders, als der erste Braten zu sein, den jenes wilde Gebirgsvolk bei guter nächtlicher Gelegenheit (...) zum Festschmause holen würde. (...) Làkono* (König der Bari) *erläuterte auf näheres Befragen das ominöse Gespräch von den menschenfressenden Hundsköpfen, und berichtigte uns, daß diese bösen Menschen zwar Köpfe, wie Andere, hätten, allein die Zähne stehen ließen, und auf allen Vieren kröchen, wenn sie Menschen fräßen."*[39] Auch Berichterstatter, die das Gebiet der Azande bereisten oder sogar dort lebten, mochten sich von der Annahme nicht lösen, es mit Kannibalen zu tun zu haben – dazu jedoch später mehr.

Wie leicht sich derartige Gerüchte bestätigen lassen, zeigt das Beispiel der Fang in Westafrika. Der Berichterstatter hatte gehört, daß zwei Tage zuvor in einem bestimmten Dorf ein Mann gegessen worden sein sollte, begab sich daraufhin in dieses Dorf und fand auch tatsächlich zum Trocknen aufgehängte Gedärme, die er trotz der Versicherung der Einwohner, es handele sich um tierische, als menschlich identifizierte.[40] Welche außergewöhnlichen Kenntnisse ihn dazu befähigten, erläuterte er nicht, fand aber zudem im „Palaver-Haus" ein menschliches Schlüsselbein, was seine Ansicht zusätzlich unterstützte. Die Aussage der Einwohner, nicht sie selbst, sondern nur die schlechten Fang, die weit entfernt im Busch leben, seien Kannibalen, glaubte er nicht, obwohl es sich um ein typisches Merkmal kannibalischer Erzählungen handelt: Mit deren Hilfe wird nicht nur das Verhalten anderer Gruppen, sondern auch das „schlechter" Menschen – antisoziales Verhalten – beschrieben. Daß Europäer diese Feinheiten ignorierten und annahmen, die Eingeborenen würden lügen, ist wiederum ein typisches Merkmal europäischer Berichterstattung.

Auch Weiße gerieten freilich leicht in den Verdacht, Menschenfresser zu sein – so beschrieb zum Beispiel Ioan M. Lewis, wie er auf einer Fahrt durch eine abgelegene Gegend im damaligen Nordrhodesien (heute Sambia) sehr erstaunt war, als Afrikaner, die er in seinem Auto mitnehmen wollte, schnellstens im nächsten Busch verschwanden. Eine Erklärung für dieses Verhalten erhielt er später, als man ihm sagte, daß Europäer häufig als Vampire gesehen würden, die unschuldigen Afrikanern das Blut aussaugten und ihr Fleisch äßen. Auch das Produkt einer ahnungslosen europäischen Firma – Dosen mit Büchsenfleisch, auf denen strahlende afrikanische Babys abgebildet waren – erwies sich aus ähnlichen Gründen nicht als Verkaufsschlager.[41] Ebenso waren afrikanische Sklaven davon überzeugt, europäischem Kannibalismus zum Opfer zu fallen, und aus dem 18. Jahrhundert ist überliefert, wie erschrocken Eskimo reagierten, die in ein anatomisches Institut geführt wurden: Sie dachten, sie sollten gefressen werden, damit man auch ihre Skelette in die Schausammlung einordnen könne.[42]

Auffassungen dieser Art sind weit verbreitet: Die Walbiri in Zentralaustralien beschrieben beispielsweise ihre entfernten Nachbarn, die Lungga, als Kannibalen, die menschliches Blut trinken. Wenn auch diejenigen, die Leute der Lungga aus eigener Anschauung kannten, zugaben, daß dies möglicherweise übertrieben sei, so schilderten andere deren Kannibalismus sehr detailliert. Zudem galten die Lungga als wollüstig, und ihnen wurde – neben übermäßig großen Geschlechtsorganen – nachgesagt, daß sie ihre eigenen Heiratsvorschriften und Inzestverbote ignorierten.[43] Hier zeigt sich, daß das bereits vertraute Schema, Fremden kannibalische und verbotene sexuelle Praktiken zu unterstellen, keine europäische Erfindung ist.

Häufig beruhen Berichte über Menschenfresser auf mythischen Erzählungen, die sich auf eine unbestimmte Vergangenheit beziehen oder geheime Rituale beschreiben, deren tatsächliche Ausführung zumeist unbeobachtet blieb, da Außenstehende entweder zum falschen Zeitpunkt anwesend waren oder an ihnen nicht teilnehmen durften.[44]

So beschrieb zum Beispiel Reverend Zegwaard die Kopfjagd bei den Asmat auf Neuguinea, wo er sich in den Jahren 1952 bis 1956 aufgehalten hatte, und zwar als erster Weißer und ohne Vertreter der holländischen Verwaltung in der Nähe. Daher ergaben sich, wie er einleitend betonte, zahlreiche Gelegenheiten, die Praktiken der Kopfjagd und des damit angeblich verbundenen Kannibalismus zu beobachten.[45] Aus seiner Darstellung wird jedoch deutlich, daß er tatsächlich nichts dergleichen sah, denn die Beschreibung des Kannibalismus erfolgt ausschließlich in Form einer mythischen Erzählung über die Entstehung der Kopfjagd, die er als Darstellung der Wirklichkeit auffaßte.

Gleiches gilt für einen anderen Wissenschaftler, Paul Wirz (1892–1955), der nach Angaben von Informanten der Marindanim, Kopfjägern im Süden Neuguineas, deren kannibalische Gebräuche rekonstruierte.[46] Sie sollten im Zusammenhang mit Kopfjagd, Geheimkulten und Zauberei eine Rolle spielen – Augenzeuge war er jedoch in keinem Fall, so daß ihm die Ausführung der beschriebenen Handlungen unbekannt blieb. Die Riten der verschiedenen Kulte gaben Wirz zufolge den Männern vor allem die Gelegenheit zu sexuellen Ausschweifungen und Orgien, die jeweils mit kannibalischen Mahlzeiten endeten. Sie wurden ihm in drastischer und überzeugender Art beschrieben, sollen doch beispielsweise im Rahmen des bereits erwähnten Ezam-Uzum-Rituals angeblich ein Mann und eine Frau, die Ezam und Uzum symbolisierten, während des Geschlechtsverkehrs von einer dafür errichteten Balkenkonstruktion erschlagen und danach geröstet und gegessen worden sein.

Daß die tatsächlich verwendeten Symbole nicht Menschen sind, sondern Kokosnüsse, ist nur den Eingeweihten bekannt und wird sorgfältig geheimgehalten.[47] Beschreibungen von Menschenopfern und Kannibalismus wie die oben genannten kamen jedoch der Auffassung der Beobachter vom Verhalten der „Wilden" entgegen und wurden dementsprechend geglaubt.

Viele der auf Neuguinea lebenden Gruppen sind dafür bekannt, vor dem Eindringen der europäischen Mission und Verwaltung Menschenfresser gewesen zu sein. Die „Kenntnis" ihrer kannibalischen Sitten beruht wie überall vornehmlich auf Gerüchten, ferner auf Aussagen von Informanten und besonders den darauf aufbauenden Rekonstruktionen der Gegenwart oder der Vergangenheit. Augenzeugen gibt es auch hier nicht, obwohl Ethnologen in Gebieten arbeiteten, die zuvor gar nicht oder nur selten von Weißen aufgesucht worden waren, und in denen sich demzufolge ideale Beobachtungsbedingungen boten.

Manche Gruppen waren bei ihren Nachbarn als Menschenfresser bekannt und sprachen im Zusammenhang mit Hexerei auch selbst von solchen in ihrer Mitte. So durfte beispielsweise im Jahr 1967 ein europäischer Reisender angeblich das Gebiet der Hewa nicht betreten, weil es sich bei diesen mysteriösen Menschen um aggressive Kannibalen handeln sollte und kaum jemand überhaupt mit ihnen Kontakt gehabt habe – dies zu einer Zeit, als der Ethnologe Lyle Steadman, wie er betonte, bereits seit über einem Jahr bei ihnen lebte. Er selbst konnte trotz intensiver Bemühungen keine Anzeichen für tatsächlich vollzogene kannibalische Handlungen finden – die Hewa klagten jedoch regelmäßig Frauen als Kannibalen und Hexen an und töteten sie; ihr Kannibalismus, so Steadman, sei übernatürlichen, nicht realen Ursprungs.[48]

Hexerei und Zauberei werden oft in Verbindung mit Kannibalismus beschrieben. Daß Beobachter nicht immer in der Lage waren, derartige Schilderungen von tatsächlich vorgenommenen Handlungen zu unterscheiden, ist angesichts des oft oberflächlichen Kontakts, der Sprachprobleme und des Vorwissens über Kannibalen verständlich, zumal eine solche Unterscheidung für die Gesellschaft, in der Hexerei „praktiziert“ wird, im allgemeinen ohne Bedeutung ist, und die Schilderungen entsprechend realistisch wirken. Als Beispiel seien wiederum die Azande genannt: Eine Hexe, die einen Menschen haßt, geht, so wird berichtet, in Begleitung von anderen Hexen zu dessen Gehöft, holt ihn aus seinem Bett und wirft ihn ins Freie. Alle Hexen *„versammeln sich um ihn herum und zerreißen ihn fast zu Tode. Sobald jede Hexe einen Teil seines Fleisches ergriffen hat, brechen sie auf und kehren zu ihrem Versammlungsplatz zurück. Sie nehmen einen kleinen Hexerei-Topf und beginnen, das Fleisch dieses Mannes darin zu kochen (...).“*[49] Nicht zuletzt aufgrund solcher Schilderungen durch die Azande selbst hielt sich die Vorstellung, sie seien Menschenfresser.

Ebenso realistisch wirken entsprechende Erzählungen, wenn Kannibalismus zum gedanklichen System einer Gruppe gehört, mit dem sie die Beziehungen zu ihren Nachbarn beschreiben. Dies kann am Beispiel der Jalé im Westen Neuguineas gezeigt werden, zu denen erstmals 1961 einige Missionare gelangten, und bei denen sich der Ethnologe Klaus-Friedrich Koch fast zwei Jahre, 1964 bis 1966, aufhielt.[50] Beim Flug zur Landebahn der Missionsstation erzählte ihm der Pilot, daß diese einige Wochen zuvor anläßlich einer kannibalischen Feier blockiert gewesen sei – eine für ein Gerücht typische Geschichte und zudem unwahrscheinlich, da Kannibalismus im Zusammenhang mit Kriegen stehen soll, in deren Verlauf angeblich getötete Feinde heimgebracht, verteilt und gegessen werden.

Kurz nach Kochs Ankunft in Pasikni brach auch ein Konflikt mit einem Nachbardorf aus, in dessen Verlauf dieses geplündert und drei der Bewohner getötet, aber offenbar nicht verzehrt wurden. Dies wurde damit erklärt, daß Kannibalismus angeblich auf größere, interregionale Konflikte beschränkt sei, oder, wie die Jalé sagten: Menschen, deren Gesicht man kennt, ißt man nicht. Es bleibt offen, wann und ob ein solcher Konflikt ausgetragen wurde, wie viele dem zum Opfer fallen und inwieweit es gelingt, bei den Einfällen in feindliches Territorium die Körper von Erschlagenen in das eigene Gebiet zu transportieren – die Voraussetzung für eine kannibalische Siegesfeier. Eine solche lernte Koch allerdings nur in Form eines Liedes kennen, das zudem einen Konflikt unter Nachbarn beschrieb.

Mehrfach wurde ihm jedoch versichert, man esse das Fleisch eines Feindes, weil es ebenso gut schmecke wie Schweinefleisch, wenn nicht besser, und weil die schlimmen Feinde im Nachbartal dasselbe getan hätten. Hier ist vielleicht eine der Ursachen zu suchen, warum dies einem Außenstehenden, der die Feinde womöglich ebenfalls aufsuchen würde, erzählt wurde. Zudem handelt es sich vermutlich um mythische Darstellungen, und Kannibalismus ist als Symbol zu verstehen, mit dessen Hilfe die sozialen Beziehungen zu allianzfähigen (die, die man nicht ißt) und allianzunfähigen (die, die man ißt) Gruppen beschrieben werden. Koch jedenfalls wurde trotz seines langen Aufenthalts kein Augenzeuge einer kannibalischen Handlung, obwohl zwei Jahre nach seiner Abreise im selben Gebiet zwei Missionare getötet und angeblich gegessen worden sein sollen.

Ebenso gern wie eine kannibalische Gegenwart wird auch eine entsprechende Vergangenheit konstruiert, wie sich am Beispiel der Gimi im östlichen Hochland Neuguineas zeigen läßt, die den Kannibalismus zur Zeit des Aufenthalts der Ethnologin Gillian Gillison in den Jahren zwischen 1973 und 1975 bereits zehn Jahre zuvor aufgegeben haben sollten.[51] Den Aussagen männlicher Informanten zufolge zerlegten die Frauen früher die Körper der verstorbenen Männer in deren Gärten und trugen die Teile in das Männerhaus, wo sie sie weiter zerlegten und in mehrtägiger Abgeschiedenheit aßen. Nach Abschluß dieser Handlungen wurden ihnen, so hieß es, von den Söhnen und Brüdern des Toten Schweinefleischportionen überreicht, die den von ihnen jeweils gegessenen Teilen des Leichnams entsprachen. Die damit in Zusammenhang stehenden komplizierten Mythen seien hier nicht beschrieben. Trotz der zentralen Bedeutung des Kannibalismus im Bestattungszyklus soll dieser jedoch problemlos aufgegeben worden sein, Gillison zufolge aufgrund einer schon immer vorhandenen zwiespältigen Einstellung zu dieser Praxis. Anderen Darstellungen zufolge aßen übrigens auch Männer menschliches Fleisch.[52]

Tatsächlich beobachten konnte Gillison folgendes: Ein verstorbener Mann wurde nach einigen Tagen in seinem Garten begraben. Die Frauen blieben solange in seinem Haus, bis dessen Söhne und Brüder ihnen Teile gekochter Schweine überreichten – früher angeblich an Kannibalinnen im Austausch für die Seele des Verstorbenen, heute an die im Haus wartenden Frauen, und zwar offensichtlich aus demselben Grund. Das Ritual ist also geblieben, der zuvor vermeintlich im Mittelpunkt stehende kannibalische Akt dagegen nicht. Männer berichteten ferner, daß die Frauen früher die Toten auch heimlich und ohne Ritual gegessen hätten, und genau dies zeigten sie mit Hilfe einer Attrappe in groben, unanständigen Vorführungen im Rahmen von Hochzeits- und Initiationsfeiern. Hier stellten sie ihr Mahl als Orgie dar: Die Frauen zerlegten den „Körper", schnitten ihn auf, schleuderten die Eingeweide (getrocknete Bananenblätter) in die Luft und kämpften gierig um die einzelnen Teile. Der Verdacht liegt nahe, daß die Zeremonien und Rituale früher in eben der Weise stattfanden, in der sie auch heute noch durchgeführt werden.

Nach wie vor scheint also gültig zu sein, was bereits mehrfach festgestellt wurde: „Wilden" traut man alles zu – nur keine rein symbolischen Systeme. Die Vermutung, daß die Schlüsselsymbole des Kannibalismus oft auch dann beibehalten würden, wenn die tatsächliche Praxis abgeschafft sei,[53] beruht auf Rekonstruktionen wie der oben geschilderten, an die man glauben kann oder nicht. Andererseits würde wohl niemand eine solche Vermutung in bezug auf das christliche Ritual der Eucharistie aussprechen wollen, wenn auch die Voraussetzungen dieselben sind. Man gewinnt den Eindruck, Menschenfresserei sei das letzte Bollwerk, das die Aufrechterhaltung der zwischen „Ihnen" und „Uns" gezogenen Grenze ermöglicht, auf die auch heutzutage noch viel Wert gelegt wird. Und Neuguinea war nach Asien, Indien, Amerika, Ozeanien und Afrika gewissermaßen die unbekannte neue Welt des

20. Jahrhunderts, das letzte Rückzugsgebiet der wilden Menschenfresser und der mutigen Abenteurer. Verfolgen wir einige Stationen dieses Wegs auf der Suche nach glaubwürdigen Augenzeugen noch einmal etwas genauer.

Neue Welten, neue Wirklichkeiten? Augenzeugenberichte

Die ersten Fahrten in die „Neue Welt" wurden mit Vorstellungen unternommen, die von der antiken und mittelalterlichen Überlieferung geprägt waren. Völker im paradiesischen Zustand der Unschuld und dem Teufel ergebene Menschenfresser sind erwartet, „gefunden" und beschrieben worden.

Bereits bei Christoph Kolumbus findet sich die positive und die negative Version des Fremden in Gestalt der Arawak und der Kariben. Die Arawak wurden, zumindest noch auf der ersten Reise 1492/93, als friedliche, sehr gutmütige und furchtsame Menschen dargestellt. Sie gingen vollkommen nackt, wie Gott sie erschaffen habe, ihre Körper seien schön geformt und ihre Gesichtszüge gewinnend. Vespucci äußerte sich anfangs ähnlich über die Festlandindianer. Dieser positive Eindruck wirkte sich auch auf die Interpretation von Menschenschädeln aus, die in einigen Hütten gefunden wurden, denn Kolumbus vermutete, daß es sich um die Schädel der Stammväter, der Ahnen, handeln müsse.[54]

Er ließ immer wieder Indianer gefangennehmen, um sie als Führer zu benutzen und dann nach Europa mitzunehmen – als Kuriosa und als lebende Zeugen für seine Berichte. Dies ist eine auch in späterer Zeit noch durchaus übliche Vorgehensweise. Wo immer die Spanier an Land gingen, fragten sie nach Gold, indem sie den Eingeborenen solches zeigten. Die Indianer schickten sie in südliche Richtung weiter, zu ihren Feinden, den Kariben, mit denen Kolumbus tatsächlich frühestens während seiner zweiten Reise 1493–1496 in Berührung kam.

Vom vermeintlichen Kannibalismus der Kariben und von anderen Merkwürdigkeiten erfuhr er angeblich durch die

Arawak: Sie berichteten, daß *„dieses Land sehr groß sei und dort Menschen lebten, die ein Auge mitten in der Stirne hätten, und andere, die sie als Kannibalen bezeichneten, und vor denen sie scheinbar große Angst hatten (...). Jene Kannibalen werden wohl einige Indianer gefangen genommen haben, deren Anverwandte sich dann (...) eingebildet haben, daß dieselben aufgefressen worden seien. Schließlich hatten ja auch einige Indianer das gleiche von uns Christen vermutet, als wir das erste Mal bei ihnen erschienen."* Da Kolumbus die Arawak nicht verstehen konnte, „übersetzte" er deren Aussagen mit Hilfe von eigenen Vorstellungen. Jedoch glaubte er anfangs nicht, daß es sich wirklich um Menschenfresser handelte, denn „*Caniba*" könne nichts anderes sein als *„jener Volksstamm des Großen Khan, dessen Herrschaftsbereich fast bis hierher reichen muß."* Die immer wieder enttäuschte Hoffnung, in die von Marco Polo beschriebenen Länder Cipango (Japan) und Cathay (China) zu gelangen, der Wunsch nach Gold, Gewürzen und anderen Reichtümern vermischte sich aber allmählich mit der Furcht vor Menschenfressern, deren Existenz gegen Ende der Reise immer mehr zur „Gewißheit" wurde. Einmal vermutete er irrtümlich, es mit Kariben zu tun zu haben, da er auf Indianer traf, die ihm Widerstand leisteten – bezeichnenderweise schrieb er diesen weitaus häßlichere Gesichtszüge zu als den bisher angetroffenen Eingeborenen.[55]

In einem – im Gegensatz zu seinem Bordbuch auch Zeitgenossen zugänglichen – Brief von der ersten Reise an Luis de Santangel, den Schatzkanzler Spaniens, faßte er seine Eindrükke zusammen: Menschenungeheuer habe er nirgendwo angetroffen, lediglich eine Insel würde von sehr angriffslustigen Menschenfressern bewohnt. Diese würden rege Beziehungen zu einer anderen, nur von Frauen bewohnten Insel unterhalten.[56] Besucht hatte er die schon bei Marco Polo erwähnte „Amazoneninsel" ebensowenig wie die Inseln der Kariben. Deren angebliche Menschenfresserei galt jedoch bei Antritt der zweiten Reise Ende September 1493 als Tatsache: Aus einem Brief von Diego Alvarez Chanca, der als Arzt an dieser Reise teilnahm, geht hervor, daß nach der Landung auf Guadeloupe am 4. November 1493 von den Einwohnern verlassene Hütten durchsucht und geplündert wurden; einige menschliche Arm- und Beinknochen führten zu dem Schluß, man befände sich auf einer Insel der Kariben, der Menschenfresser.[57]

Genauere Angaben über das Leben dieser Kannibalen finden sich in einem Brief von Michele de Cuneo – ein Jugendfreund des Kolumbus und Teilnehmer der zweiten Reise – vom Oktober 1495: Sowohl die „Camballi" als auch die anderen Indianer würden wie die Tiere leben und den Beischlaf öffentlich vollziehen, sobald sie die Lust dazu ankomme; mit Ausnahme von Bruder und Schwester würden alle miteinander verkehren, und auf allen Inseln, die die Spanier aufsuchten, hätten sie beobachten können, daß die Eingeborenen in starkem Maß Sodomiten seien.[58]

Das Urteil über die Einwohner Amerikas, auch über die auf der ersten Reise vermeintlich noch in paradiesischer Unschuld lebenden Arawak, hat sich also bereits ins Negative verschoben. Dies lag zum einen daran, daß die erwarteten Reichtümer noch immer ausblieben und sich die enttäuschten Hoffnungen auf die Beschreibung von Land und Leuten auswirkten. Zum anderen hatten sich die Beziehungen zu den Indianern aufgrund der bereits erwähnten Katastrophe von *La Navidad* stark verschlechtert, denn keiner der am Ende der ersten Reise zurückgelassenen Spanier wurde mehr lebend angetroffen. Auf vielen Inseln, die Kolumbus anlief, flohen die Bewohner aus ihren Dörfern, was eine Vorstellung von dem Eindruck vermittelt, den die Europäer in der „Neuen Welt" hinterlassen hatten. Zugleich erscheint dadurch die behauptete, an sich schon unwahrscheinliche Beobachtung von öffentlichem Geschlechtsverkehr und Sodomie noch absurder. Tatsächlich verdeutlichen derartige Beschreibungen fremder Völker lediglich die Anwendung und Funktion europäischer Stereotype.

Die angebliche Menschenfresserei der Camballi oder Kannibalen wurde immer detaillierter beschrieben, so etwa in dem schon erwähnten Brief Cuneos: Die Gier nach Menschenfleisch sei sehr groß, und nach Aussagen der Einheimischen sei das der Jünglinge besser als das der Frauen. Sie würden oft sechs, acht und zehn Jahre ihrer Heimat fernbleiben, nur um Menschen zu jagen und sie zu verspeisen. Täten sie dies nicht, so Cuneo, würden sich die Indianer derart vermehren, daß sie die ganze Erde bevölkerten, da sie sich sogleich fortzupflanzen begännen, sobald sie zeugungsfähig würden. Kolumbus zufolge sollen die Kariben ihre männlichen Gefangenen kastriert haben, damit *„sie fett wurden, fast so, wie wir es mit Kapaunen tun, um sie schmackhafter zu machen"*. Dr. Chanca berichtete, daß von den Kariben gefangengehaltene Frauen ihnen erzählt hätten, diese würden die Kinder aufessen, die sie ihnen geboren hätten. Auch die im Kampf getöteten Menschen verschlängen sie sofort, denn die *„Kariben behaupten, das Fleisch von Männern liefere den besten Schmaus der Welt. Der schönste Beweis für diese Menschenfresserei sind die Gebeine, die wir in ihren Häusern fanden. In einer der Hütten beobachteten wir, wie ein Männerhals in einem Topfe kochte."* Man fragt sich, woran sie einen solchen erkannten, und man fragt sich weiterhin, wie sie die Aussagen der Einheimischen verstehen konnten, denn noch in einem Brief des Kolumbus vom Juli des Jahres 1503, geschrieben auf Jamaica gegen Ende der vierten Reise (1502–1504), heißt es, daß sich die Sprachen nicht so schnell erlernen ließen: *„Die Völker wohnen dort dicht beieinander, aber jedes von ihnen hat eine andere Sprache, und die einen können sich gar nicht mit den anderen verständigen, leichter verstehen wir die Leute aus Arabien."*[59]

„Bestätigt" wurden die Phantasien der europäischen Eroberer durch Knochenfunde – anfangs noch als Hinweis auf die Verehrung der Ahnen gedeutet, dann aber als Indiz für Menschenfresserei gewertet. Neben Schädeln, Arm- und Beinknochen, bei denen es sich zweifellos um Kriegstrophäen und Ahnenreliquien handelte, fanden Kolumbus und seine Mannschaft in einer Hütte, aus der sie die Einwohner vertrieben hatten, einen *„Männerarm, der zum Rösten an einem Bratspieß steckte."*[60] Dies belegt jedoch nicht die Zubereitung von Nahrung, sondern zeigt die übliche Methode, derartige Siegestrophäen haltbar zu machen, indem man sie nämlich bukaniert, *„das* *heißt bei gelindem Feuer und Rauch*" dörrt, wie aus späteren Darstellungen hervorgeht.[61]

Die noch auf der ersten Reise dominierende Paradiesvorstellung hatte keinen Bestand, sondern wurde schnell von der Vorstellung von Menschenfressern überlagert – wohl schon deshalb, weil die beabsichtigte Versklavung gerechtfertigt werden mußte. Das führte dazu, die Sitten der Arawak ebenfalls entsprechend einzuordnen.[62] Bei der Entwicklung von der Idealisierung zur Verdammung dürfte weiterhin eine Rolle gespielt haben, daß sich die anfangs als positiv empfundenen Beziehungen rapide verschlechterten: Aufgrund der Unmöglichkeit eines gegenseitigen Verstehens und aufgrund des Überlegenheitsanspruchs der Europäer und ihrer Religion sowie ihrer Gier nach Gold war dies eine unvermeidliche Folge der Begegnung. Die von der eigenen Tradition zur Verfügung gestellten Bilder minderten den Schock der Begegnung mit Völkern, die nach anderen als den in Europa gültigen Verhaltensnormen lebten, und erleichterten die Einordnung der Fremden in das eigene Weltbild. Ebenso wie die Europäer aus der Nacktheit der Indianer promiskuitive Sitten ableiteten, schlossen sie aus dem Aussehen, aus feindlichem Verhalten oder aus dem Vorhandensein von Knochen in den Siedlungen auf den Kannibalismus der „wilden Menschen". Beides schmückten sie aus, indem sie ihrer Phantasie, traditionellen Klischees und zeitgenössischen Werken folgten.[63] Die auf Kolumbus, Peter Martyr und Vespucci zurückgehende Fiktion von menschenfressenden Kariben – Kannibalen hielt sich über die Jahrhunderte und wurde nicht nur auf die Kariben des Festlands übertragen, sondern etablierte sich allgemein als Merkmal der Einwohner Amerikas. Dies geschah zum einen, weil es zu „Wilden" paßte, zum anderen aber auch, weil es als bequemes Mittel zur Rechtfertigung von Ausrottung, Versklavung und Unterdrückung diente.

Die Eroberung und Zerstörung des Aztekenreichs durch Hernán Cortés in den Jahren 1519 bis 1521 war gleichfalls durch die Gier nach Gold motiviert und wurde mit Verleumdungen gerechtfertigt, die den Indianern Menschenopfer,

Kannibalismus und Sodomie unterstellten. Sie waren um so mehr erforderlich, als es sich bei den Azteken und ihren Nachbarn um Völker handelte, die den Europäern in vielen Dingen überlegen waren. Dies nahmen die Spanier auch durchaus wahr: Sie bewunderten das gut organisierte Staatswesen, die großen Städte, die Märkte mit ihrem reichhaltigen Angebot und vieles mehr. Die Zerstörung des Reichs gelang ihnen nicht zuletzt deshalb, weil sie es verstanden, die von den Azteken eroberten Völker zu ihren Verbündeten zu machen. Zugleich konnten sie ihnen die Grausamkeiten, die sie selbst begangen hatten, in die Schuhe schieben und sie ebenfalls als Menschenfresser stigmatisieren.[64] Die Methoden der Spanier, die Gefangene foltern, ihnen Hände und Glieder abschlagen, sie verbrennen oder von Hunden zerreißen ließen, denen sie zudem als Nahrung gedient haben sollen, werden verständlicherweise allenfalls am Rand erwähnt. Jedoch erscheinen die gegen die Indianer erhobenen Beschuldigungen in diesem Licht gesehen geradezu unentbehrlich, um sich von ihnen abgrenzen zu können und den Anschein eines „gerechten" Kriegs zu erwecken.

Bernal Diaz del Castillo, der selbst an der Eroberung Mexikos teilgenommen hatte, hinterließ die ausführlichste Darstellung zu diesem Thema. Er sprach zwar ständig vom Menschenfressen, sah aber selbst, ebenso wie Cortés und andere, nichts dergleichen, was er indirekt auch zugab: „*Wer in die Gewalt der feindlichen Indianer kam, wurde den Idolen geopfert, und die anderen sind ihren Tod gestorben. Wenn ihr mich fragt, wo sie ihre Gräber haben, sage ich, daß es die Bäuche der Indianer sind, die ihre Beine, Schenkel, Arme, fleischigen Glieder, Füße und Hände aßen. Das übrige wurde begraben. Ihren Leib warf man den Tigern, Schlangen und Raubvögeln vor (...).*" Gerüchte ähnlicher Art kursierten auch unter den Azteken, was nicht verwundert, kann man doch dem Bericht entnehmen, daß die Spanier ihre Verwundeten anstelle von Öl mit dem „*Fett eines toten feisten Indianers*" behandelten.[65]

Die ergreifende Schilderung des Kampfes um Tenochtitlan, Hauptstadt des Aztekenreichs (heute liegt dort Mexico-Ciudad), umfaßt eine Szene, bei der Diaz del Castillo aus der

Ferne die Opferung von 62 gefangengenommenen Spaniern beobachtet haben will: „*Wir sahen, wie sie die Leichen (...) die Stufen des Tempels hinunterwarfen, wie andere Henkersknechte sie unten in Empfang nahmen, Arme, Beine und Köpfe von den Leibern trennten, die Gesichtshäute zum Gerben abzogen, wie sie das übrige Fleisch abtrennten, um es später aufzufressen. Nur die Eingeweide wurden in die Menagerien gebracht. (...) In diesem Augenblick griffen die Mexikaner wieder an (...).*“[66] Ob die Spanier, die sich ja weit vom Tempel entfernt aufhielten, überhaupt in der Lage waren, die Opferung zu beobachten, sei dahingestellt[67] – das Essen der Opfer ist jedenfalls lediglich eine Behauptung.

Um Kannibalen, denen manchen Wissenschaftlern zufolge Menschenfleisch als gewöhnliche Nahrung diente,[68] kann es sich bei den Einwohnern Tenochtitlans kaum gehandelt haben. Folgt man der Erzählung Diaz del Castillos, befand sich die Bevölkerung der Stadt zur Zeit der Eroberung nach der langen Belagerung durch die Spanier in einem erbärmlichen Zustand: „*Männer, Weiber und Kinder schleppten ihre entkräfteten Körper aus der Stadt, ein jammervoller Leichenzug, der einen unglaublichen Gestank verbreitete.*“ Die Einwohner hatten jede Wurzel und die Rinde der Bäume verzehrt. Zwischen unzählbaren Leichen fanden die Spanier noch einige arme Leute, die zu schwach waren, sich zu bewegen. Trotzdem, so Diaz del Castillo, „*soll niemand das Fleisch der Mexikaner gegessen haben, obgleich jeder gierig war, ein Stück Fleisch von den Tlaxcateken oder den Spaniern zu verzehren*“,[69] von denen ja viele bei den Kämpfen gefallen oder gefangengenommen worden waren. Daher bleibt es unverständlich, warum diese Menschenfresser lieber hungerten, es sei denn, man zieht den naheliegenden Schluß, daß die Azteken ebensowenig Kannibalen waren wie die Spanier.

Wenden wir uns nun wieder dem südamerikanischen Festland zu, und zwar zunächst der brasilianischen Küste, die im 16. Jahrhundert unter anderen von den angeblich kannibalischen Tupinamba besiedelt war, deren Sitten bereits Amerigo Vespucci beschrieb. Insbesondere die bei ihm erwähnte

Abb. 10: Menschenfresseridylle bei den Tupinamba
(T. de Bry, 3. Buch, 3. Teil, 1593)

zeremonielle Gefangenentötung mit anschließendem Verzehr des Fleisches entwickelte sich zum zentralen Thema der Berichterstattung. Die von jesuitischen Missionaren, Protestanten und anderen Reisenden verfaßten Darstellungen zählen bis heute zu den zuverlässigsten und glaubwürdigsten Augenzeugenberichten.

Einige von ihnen sind zweifellos als solche einzuordnen – die Frage ist nur, was sie bezeugen. Beginnen wir mit Pater José de Anchieta, der 1563 etwa sechs Monate lang als Geisel in einem Dorf der Tamoyo (Tupinamba) festgehalten wurde. Ein seiner Gruppe angehörender indianischer Sklave sowie ein weiterer Gefangener sollen eines Tages getötet und in Stücke gerissen worden sein. Hierbei hätten sich die Frauen der Menschenfresser besonders hervorgetan, indem sie die abgeschnittenen Glieder mit spitzen Stöcken durchbohrten oder ihre

Hände mit dem Fett beschmierten. Es *„war so, daß sie das Blut mit den Händen auffingen und aufleckten, ein verabscheuungswürdiges Schauspiel, dergestalt, daß sie ein großes Schlachten veranstalteten, um sich den Bauch vollzuschlagen.“*[70] Damit endet die Aufzeichnung, das Essen wird, wie in allen anderen Berichten auch, nicht beschrieben.

Vorgänge dieser Art finden häufiger Erwähnung, so das Zerlegen von Leichen und das Rösten, Räuchern oder Kochen von Körperteilen; deren Bedeutung blieb jedoch wohl weitgehend unverstanden. Da man bereits „wußte“, es mit Menschenfressern zu tun zu haben, konnte ihre Beobachtung nur zu der Schlußfolgerung führen, daß die Indianer mit der Vorbereitung von Mahlzeiten beschäftigt seien. Ungeachtet der Glaubwürdigkeit der einzelnen Autoren und ihrer jeweiligen Einstellung zu den beschriebenen Gruppen waren sie gar nicht in der Lage, etwas anderes zu sehen als die Bestätigung ihrer Erwartungen. Die Frage, ob es sich um Feinde oder Verbündete handelte, konnte sich allerdings erheblich auf die Darstellung auswirken: Als tugendhaftes, idealisiertes Gegenbild zu den menschenfressenden Tupinamba hieß es von einigen anderen Gruppen, daß sie einem Häuptling gehorchten und fest im Glauben an Gott seien, ihre Töchter beschützten und Ehebruch ebenso verabscheuen würden wie den Verzehr von Menschenfleisch. Ihre einzige Unsitte sei, daß sie manchmal Gefangene im Krieg töteten und deren Köpfe als Trophäen behielten.[71]

In einem 1551 verfaßten Brief an seine Ordensbrüder berichtete der Jesuitenpater João de Azpilcueta Navarro, daß ihm die Einwohner eines Dorfs nahe Baía bei seinem Besuch zwei Jahre zuvor von einem soeben getöteten Mädchen erzählt hätten. Sie zeigten ihm das Haus, und als er eintrat, sah er, daß *„sie es kochten, um es zu essen, und der Kopf hing an einem Balken; und ich begann zu schelten und zu schmähen, daß sie etwas taten, das so verabscheuungswürdig und wider die Natur war.“* Daraufhin drohte einer der Dorfbewohner, mit ihm dasselbe zu tun, wenn er nicht schweige, wie ihm sein Dolmetscher mitteilte, der sich weigerte, die Schelte zu übersetzen. Navarro sprach nun selbst zu ihnen, so gut er es vermochte; sie wurden seine Freunde und gaben ihm zu essen. Später will er in anderen Häusern im Rauch hängende Füße, Hände und Köpfe von Männern gefunden haben, was ihn veranlaßte, die Leute wiederum zu tadeln. Seiner Meinung nach hatte er auch Erfolg damit, denn ihm wurde erzählt, daß das Fleisch begraben worden sei. Dauerhaft erfolgreich schienen diese Bekehrungsversuche nicht zu sein, denn in einem anderen Brief vom März 1550 schrieb er von einem ähnlichen Vorfall, der kurze Zeit später wohl im selben Dorf stattfand: Beim Betreten eines Hauses habe er einen Topf vorgefunden, in dem *„sie menschliches Fleisch sotten, und als ich kam, nahmen sie gerade Arme, Füße und Köpfe von Menschen heraus, was schrecklich anzusehen war. Ich sah sieben oder acht alte Frauen, die sich kaum auf den Füßen halten konnten, um den Topf herumtanzen und das Feuer schüren, so daß sie aussahen wie Teufel in der Hölle.“*[72] Welchen Zeremonien der Pater auch immer beiwohnen durfte – sicherlich keinem Hexensabbat, an den die Beschreibung stark erinnert –, verstanden hat er die Vorgänge offensichtlich nicht. Allerdings wird hier die Einstellung deutlich, mit der die Missionare in die Dörfer gingen, um die „Wilden“ von ihren „teuflischen“ Handlungen abzubringen.

Dennoch sind Navarros Briefen einige interessante Einzelheiten zu entnehmen: Zum einen sprach er häufig von Füßen, Händen und Köpfen, die für den Verzehr eher ungeeignet sind. Zum anderen soll das Fleisch vergraben worden sein, was er natürlich auf seinen Einfluß zurückführte. In einem anderen Bericht heißt es, daß ein Teil des Fleisches gedörrt, in Baumwollfäden eingewickelt und aufbewahrt werde, um es später angeblich zu essen. Ähnliches ist allerdings von der zweistufigen Bestattung der Timbira bekannt: Die Knochen wurden ausgegraben, gesäubert, mit roter Farbe bemalt, dann mit Baumwollfäden umwickelt, zusammengebunden und wieder bestattet.[73] Ferner erwähnte bereits Peter Martyr eine Bestattungssitte, bei der die Leichen auf ein Holzgeflecht gelegt und von unten mäßig erhitzt wurden, so daß das Fleisch zusammenschrumpfte, die Knochen aber mit der Haut gedörrt zurückblieben.[74] Und schließlich ist in diesem Zusammenhang auch die Angabe des Franziskaners André Thevet (ca. 1504–1592) interessant, dem zufolge ein Gefangener im Haus desjenigen wohne, dessen Grab er erneuere; er werde im Dorf mit Freude empfangen und liebkost.[75] Demnach hätte er die Stelle eines Verstorbenen in der Gesellschaft eingenommen, die ihn gefangennahm – ein Hinweis darauf, daß die Verhältnisse komplizierter gewesen sein müssen als in den meisten Quellen beschrieben, die ausschließlich Rachsucht als Grund für die Gefangenschaft und die Tötung von Feinden angeben. Offensichtlich wurden verschiedene Vorgänge bei der Bestattung und dem Umgang mit Feinden nicht verstanden und im Licht des Kannibalen-Stereotyps interpretiert.

Weitere Details können zur Erhellung der Vorgänge beitragen. So berichtete beispielsweise Jean de Léry (1534–1613), daß die Tupinamba die Köpfe ihrer Feinde *„in Haufen in ihren Dörfern"* sammeln, wie *„man bei uns in Frankreich die Totenköpfe auf den Friedhöfen sieht. Ähnlich sammeln sie auch die größten Knochen der Schenkel und Arme, um (...) daraus Pfeifen und Pfeile anzufertigen (...)."*[76] Zu diesem Zweck müssen Körper jedoch zerlegt und Knochen vom Fleisch befreit werden; eine dafür geeignete Methode ist das Kochen, wenn man nicht den natürlichen Verwesungsprozeß abwarten oder Tiere zu Hilfe nehmen will. Ferner sei auch an die Trophäen der Kariben erinnert, die im Rauch getrocknete und damit haltbar gemachte Körperteile aufbewahrten. An diese Notwendigkeiten dachte Léry aber nicht, sondern deutete alle entsprechenden Indizien als Hinweise auf Menschenfresserei, die jedoch auch er trotz verschiedener Gelegenheiten nicht beobachten konnte.[77]

Léry kam 1557 als junger Theologiestudent und Schüler Calvins in die zwei Jahre zuvor gegründete französische Kolonie Guanabara oder Fort Coligny in der Bucht des heutigen Rio de Janeiro. Aufgrund von Konflikten unter den Europäern reiste er zehn Monate später nach Europa zurück, erlebte dort die Schrecken der französischen Religionskriege und die Belagerung der Hugenottenfestung Sancerre. Über diese berichtete er, daß *„ein Elternpaar das eigene Kind verzehrte, und einige Soldaten, die das Fleisch der im Krieg Getöteten gekostet hatten, bekannten, sie wären über die Lebenden hergefallen, hätte der Zustand noch länger angedauert.“* Im Licht dieser Erfahrungen ist auch sein 1578 veröffentlichter Reisebericht zu sehen, denn seine ungewöhnlich positive Schilderung der brasilianischen Menschenfresser findet ihr Gegenbild und ihre Erklärung in der negativen Darstellung der europäischen Greuel. Die Europäer seien nicht nur über ihre Feinde hergefallen, sondern hätten im Blut ihrer Angehörigen, Nachbarn und Landsleute gewütet, und die „Papisten“ wollten sogar – anders als die „Wilden“, die ihr Fleisch brieten – das *„Fleisch Jesu Christi lieber roh als geistig verzehren (...), es ganz roh kauen und verschlingen.“*[78]

Um einen Protestanten handelt es sich auch bei dem hessischen Söldner Hans Staden, der sich 1553/54 etwa neun Monate lang bei den Tupinamba aufhielt – seiner eigenen Aussage nach als Gefangener, möglicherweise aber auch als „kultureller Überläufer“. Dieser Schluß liegt nahe, da seinem Bericht zufolge andere gefangene Christen (Katholiken) geschlachtet und verzehrt wurden. Staden selbst blieb dieses Schicksal aber erspart – und dies, obwohl er angeblich als Portugiese galt, mit denen die Tupinamba verfeindet waren. Sein Überleben hatte er einzig und allein Gott zu verdanken, wie er immer wieder betonte, und sein Glaube erwies sich somit dem katholischen überlegen. Insofern ist sein Bericht vor allem als protestantisches Glaubensbekenntnis zu verstehen.

Im ersten Teil seines Erlebnisberichts ist wiederholt die Rede davon, daß die Tupinamba aus ganz profanen Gründen bei jeder sich bietenden Gelegenheit Menschenfleisch oder vielmehr das, was Staden dafür hielt, verzehrten, sei dies von im Kampf Gefallenen oder von getöteten Gefangenen.[79] Gesehen hat aber auch er offensichtlich nur solche Handlungen, die andere Berichterstatter ebenfalls zuweilen sahen, nämlich die „Zubereitung“ von Körperteilen.[80] Im zweiten oder ethnographischen Teil erscheint der Kannibalismus dagegen ausschließlich in einem streng zeremoniellen Zusammenhang, der der Beschrei-

Abb. 11: Frauen und Kinder der Tupinamba verzehren Kopf und Eingeweide (T. de Bry, 3. Buch, 2. Teil, 1592)

bung in anderen Berichten entspricht: „*Mit welch feierlichen Gebräuchen sie ihre Feinde töten und essen. Womit diese totgeschlagen werden und wie sie mit ihnen umgehen.*“ Der Gefangene werde nach gewissen Zeremonien erschlagen und von den Frauen aufs Feuer gezerrt, die ihm die Haut abkratzten und den Hintern mit einem Stück Holz verschlössen, „*so daß nichts von ihm abgeht.*“ Dies ist nun allerdings ein Detail, das Staden kaum erfunden, gehört oder abgeschrieben, sondern eher wie so vieles andere mißverstanden haben dürfte, handelt es sich doch vermutlich um eine den Feind demütigende Geste, mit der man ihn quasi vergewaltigte und so „zur Frau machte“.[81] Nachdem der Körper zerlegt sei, „*geht jeder wieder heim und nimmt seinen Anteil mit*“ – es bleibt also, wie bereits bekannt, unklar, was mit den Körperteilen tatsächlich geschah. Die Frauen und Kinder sollen den Kopf und die Eingeweide gegessen haben, eine Aussage, die im Gegensatz zu anderen Berichten steht, betonte doch zum Beispiel Léry, daß das Gehirn niemals angerührt werde. Sie entspricht bemerkenswerterweise aber genau europäischen Schlachtvorstellungen,[82] was darauf hindeutet, daß sie nicht auf Beobachtung beruht. Weitere Angaben wie etwa die, daß die Kinder von Gefangenen aufgezogen würden, damit man sie später verspeisen könne, sind als Klischees zu werten, die beispielsweise schon bei Vespucci auftauchen. Das gleiche gilt für die immer wieder erwähnte Mästung der Gefangenen, von der bereits Mandeville und Kolumbus sprachen.

Es ist nicht einfach zu beurteilen, was Staden tatsächlich beobachtet hat, was seinem Vorwissen und seiner Phantasie zugeschrieben werden muß und was der Einwirkung seines Korrektors Dryander zu verdanken ist, dessen Einfluß zumindest sehr groß war, wenn er nicht erhebliche Teile selbst verfaßt beziehungsweise aus Vorlagen abgeschrieben hat. Augenzeuge kannibalischer Handlungen war Staden jedenfalls nicht; möglicherweise glaubte er selbst jedoch daran, daß seine Gastgeber oder Gefangenenwärter Menschenfresser seien.[83]

Südamerika blieb bis in dieses Jahrhundert hinein ein „Kontinent der Kannibalen", denen der Ruf anhaftete, entweder aus Gier nach Menschenfleisch auf die Jagd zu gehen und selbst vor Verwandten keinen Halt zu machen, oder aber diese aus Ehrfurcht und Pietät zu essen. Beide Vorstellungsmuster wurden je nach dem Zeitgeist, der Art des Kontakts und der Einstellung der jeweiligen Berichterstatter verwendet:

So erscheinen beispielsweise die Cashibo im Nordosten Perus in den Quellen bis 1790 nicht als Menschenfresser, während sie dann bis etwa 1920 aus Gier Menschen gejagt und Verwandte verzehrt haben sollen. Ab 1830 gab es aber auch Berichte, in denen sie als pietätvolle Endokannibalen eingestuft wurden. Und der Botaniker und Ethnograph Günter Tessmann (1884–1969) meinte in einem 1930 veröffentlichten Werk, daß sie wohl beim Abkochen der Gebeine und des Schädels zum Zweck der Herstellung von Pfeilen beziehungsweise Trophäen gelegentlich auch Menschenfleisch gegessen oder von der Suppe „geschlürft“ hätten. Dies wurde von den Cashibo, bei denen Tessmann sich aufhielt, allerdings vehement abgestritten. Nach 1940 konnte wiederum festgestellt werden, daß zumindest eine Untergruppe die Knochenasche ihrer Verstorbenen trank, die Cashibo den Gedanken an Menschenfleisch aber verabscheuten und sich unter anderem deshalb entschieden gegen das Eindringen der Vertreter der europäischen Zivilisation in ihr Gebiet zur Wehr setzten, weil sie der Überzeugung waren, daß diese sie auffressen wollten.[84]

Auch Afrika galt als Heimstätte von Kannibalen: Insbesondere im späten 19. Jahrhundert begaben sich immer wieder Reisende in das gefährliche, unbekannte Innere des Kontinents, wo sie sich angeblich häufig mit Menschenfressern konfrontiert sahen. Deren vermeintlicher Gier nach Menschenfleisch entgingen sie entweder mit Hilfe von Waffengewalt oder aber, weil die „Wilden“ angeblich zuviel Respekt vor Weißen hatten, um sich an ihnen zu vergreifen, ja sogar zuviel Achtung, um ihre grausigen Gewohnheiten im Angesicht der Europäer zu pflegen, die sich daher gänzlich ungefährdet bei Kannibalen aufhalten konnten.

Diesen Eindruck gewinnt man jedenfalls aus vielen Darstellungen, so beispielsweise denen von Henry Morton Stanley – Journalist, Abenteurer, Forscher, „Retter“ von David Livingstone und dem Gouverneur der Äquatorialprovinz, Emin Pascha (Eduard Schnitzer), sowie Wegbereiter der belgischen Kolonie Kongo. Er nahm zuweilen „Menschenfresser“ in seine Dienste und hatte, glaubt man seinen Ausführungen, ständig gegen gefährliche Kannibalen zu kämpfen.

Dem Bericht des renommierten Botanikers und Afrikaforschers Georg Schweinfurth (1836–1925) ist Vergleichbares zu entnehmen. Er hatte großen Anteil daran, daß sich die Geschichten über die kannibalischen Gebräuche der bereits mehrfach erwähnten „Niam Niam“ oder Azande in der wissenschaftlichen Welt etablieren konnten, auch wenn weder er noch andere Reisende solche Sitten zu sehen bekamen, sondern sich ausschließlich auf Indizien und auf blutrünstige Erzählungen stützten, die bei Nachbarstämmen, mohammedanischen

Kaufleuten, Sklavenhändlern und nubischen Söldnern in Umlauf waren.[85] Schweinfurths Vorurteile werden aus folgender Geschichte ersichtlich: Nach einem Hüttenbrand, bei dem sechs Sklavinnen umgekommen waren, wurden die Aufräumarbeiten am folgenden Morgen von Sklaven durchgeführt. Wie er betonte, war es ein scheußlicher Anblick, bei dem *„selbst die Neger des Landes einige Bewegung verrieten, während neue Niamniamsklaven sich mit unverhohlener Gier in dem von brenzligem Fleischgeruch erfüllten Schutt zu schaffen machten und die Trümmer wegräumen halfen.“*[86]

Mit dieser Einstellung reiste Schweinfurth 1870 als Mitglied einer großen arabischen Handelskarawane drei Monate lang durch die östlichsten Distrikte des Gebiets der Azande sowie kurzzeitig in das der ebenfalls als Kannibalen berüchtigten Monbuttu, und zwar auf eine sehr bequeme Weise, wurde er doch von den Mohammedanern mit größtem Respekt behandelt. Sie stellten ihm eine Tragbahre zur Verfügung, mit der er sich von Eingeborenen über Bäche und Pfützen tragen ließ. Dies war ihm unter anderem schon deshalb lieb, weil so auch diese Völker *„beizeiten eine richtige Vorstellung von der großen Superiorität eines Europäers erlangten“*, und er nicht zu fürchten brauchte, von den Eingeborenen *„als eines Stammes mit dem nubischen Gesindel betrachtet zu werden. Ebenso wichtig war es, daß ein gleicher Eindruck, meinen Schritten vorauseilend, auch auf die Niamniam und fernen Monbuttu gemacht wurde (...).“*[87]

Die Niam Niam, so stellte Schweinfurth fest, könne man getrost als ein Volk von Menschenfressern bezeichnen: Sie würden sich selbst vor aller Welt ihrer wilden Gier rühmen, die Zähne der von ihnen Verspeisten an Ketten tragen, die zum Aufhängen von Jagdtrophäen bestimmten Pfähle bei den Wohnungen mit den Schädeln ihrer Opfer schmücken und dem Fett von Menschen, das überall Verwendung fände, eine berauschende Wirkung zuschreiben. Im Krieg würden Menschen jeden Alters verspeist, ferner auch diejenigen, die eines plötzlichen Todes starben. Laut Aussagen der Nubier hätten sie sogar Träger ihrer Karawanen, die unterwegs verstorben und verscharrt worden waren, wieder ausgegraben und verzehrt. Nach den von den Niam Niam selbst stammenden Erklärungen – die er allerdings nur über einen oder mehrere Dolmetscher erlangen konnte, wenn er überhaupt mit ihnen sprach – verabscheuten die Kannibalen nur dann den Genuß von Menschenfleisch, wenn der Körper einem an ekelhaften Krankheiten Verstorbenen angehörte. Andere wiederum beteuerten, das Menschenfressen gänzlich abzulehnen. Tatsächlich gesehen hatte er wohl hin und wieder die beschriebenen Pfähle, an denen seiner Aussage zufolge Arme und Füße in halb skelettiertem Zustand hingen,[88] die eben aus diesem Grund natürlich auch nicht gegessen worden sein können.

Bei den Monbuttu, die die Karawane im Anschluß aufsuchte, soll Menschenfett ebenfalls allgemein in Gebrauch gewesen sein, ohne daß Schweinfurth Genaueres dazu sagen konnte – hingegen beschrieb er ausführlich die verschiedenen Fette und Ölsorten, die aus Pflanzen und Termiten gewonnen wurden und auch als Beleuchtungsmittel dienten. Auf Menschenfett, mit dem angeblich die Karawane versorgt worden war, bezog er sich nur einmal genauer, wobei er sich selbst in der dritten Person darstellte: *„Beim Schimmer einer kleinen Öllampe, die er sich selbst ersonnen und in welcher jenes zweifelhafte Fett brennt, dessen Geruch allein schon mit Mißtrauen gegen die Humanität der Eingeborenen erfüllt, schreibt er die Erlebnisse des Tages nieder.“*

Menschenfleisch, mit dem sie sich auf Raubzügen ausreichend versorgten, sei für die Monbuttu der Inbegriff ihrer kulinarischen Genüsse. Eigens für König Munsa würden fast täglich kleine Kinder geschlachtet. Beim Essen dürfe ihn niemand beobachten, und seine Mahlzeitreste würden in eine nur dafür bestimmte Grube geworfen – Vorratskammern und Grube hatte Schweinfurth nun aber besichtigt, ohne dabei Überreste von Kindern zu erwähnen. Überall im Land stieß er angeblich auf Hinweise für den Kannibalismus der Monbuttu, so in einer Hütte auf den noch frischen Arm eines Menschen, der zum Räuchern oder Dörren über dem Feuer hing. Unmittelbar darauf heißt es, daß er König Munsa fragen ließ, weshalb gerade jetzt *„keine Menschen geschlachtet würden. König Munsa erklärte offen, er wisse, es sei dies für uns ein Greuel, und deshalb würde alle Menschenfresserei, solange wir anwesend seien, verheimlicht.“*[89] Diese Aussage ist schon deshalb unwahrscheinlich, weil es sich bei König Munsa um einen unabhängigen Herrscher handelte, der zwar mit den Arabern Handel trieb, aber in keiner Weise von ihnen abhängig war und sich auch Schweinfurth gegenüber alles andere als unterwürfig zeigte. Sie ist aber auch im angeführten Zusammenhang völlig unlogisch, hatte er selbst doch kurz zuvor angeblich die Zubereitung einer Kannibalenmahlzeit beobachtet.

Außerdem ließ er den Monbuttu sagen, sie sollten Menschenschädel herbeischaffen, *„soviel als ihr deren von euren Mahlzeiten erübrigt, euch taugen sie doch zu nichts, ich aber gebe euch Kupfer.“* Daraufhin wurden große Mengen des Gewünschten herbeigeschleppt, allerdings überwiegend Schädelteile: *„Die meisten Schädel waren nämlich zertrümmert, um das Gehirn bequemer herausnehmen zu können.“* Als Erklärung überzeugt jedoch eher die von Schweinfurth selbst stammende Aussage, daß die Leute nämlich dachten, er zahle stückweise, und sie sich daher bemühten, die Stückzahl durch die Zertrümmerung der Schädel zu erhöhen. Nachdem er diesen Irrtum aufgeklärt hatte, wurde er mit besser erhaltenen Exemplaren beliefert: *„Der Zustand, in welchem ich viele Stücke empfing, ließ erkennen, daß sie in Wasser gekocht und mit Messern abgeschabt worden waren; einige schienen direkt von den Mahlzeiten der Eingeborenen zu kommen, denn sie waren noch feucht und trugen den Geruch von frisch Gekochtem an sich; viele sahen aus, als wären sie unter altem Kehricht und Küchenabfällen aufgelesen worden.“* An die Möglichkeit, daß die frisch abgekochten Schädel von Menschen stammen könnten, die eigens für ihn und sein Kupfer umgebracht worden waren, verschwendete er keinen Gedanken, auch später nicht, als er nach einem Feldzug der Azande von diesen ebenfalls mit frisch abgekochten Schädeln beliefert wurde: *„Sie wußten vom Monbuttuland her, daß ich dafür mit Kupferringen zahlte. Geschehen war geschehen, ich konnte nicht anders, als sie wis-*

senschaftlich zu verwerten.“[90] Bekannt war natürlich auch, daß er nur für Schädel zahlte und nicht für Köpfe, was es erforderlich machte, diese abzukochen.

Die ihm gebotene Gelegenheit, sich länger im Gebiet der Monbuttu aufzuhalten, nahm er nicht wahr, denn diese Aussicht hätte „*etwas Verzweifeltes. Ich hätte mich ihren Raubzügen nach Menschenfleisch anschließen, ein täglicher Zeuge ihrer kannibalischen Grausamkeiten sein müssen. Mit einem Wort, bei ernsterer Überlegung erschien mein Vorhaben unausführbar.*“ So kehrte er mit der Karawane zu den Azande zurück, deren Kannibalismus er zum Schluß noch einmal in herzergreifender Weise schilderte: Er habe ein Gehöft besucht, wo angeblich das neugeborene Kind einer Sklavin, den glühenden Strahlen der Mittagssonne preisgegeben, seinem Verzehr entgegensah, wie ihm seine Begleiter ohne Umschweife erläuterten. Man „*ließ es erbarmungslos solange liegen, bis es verendet sein würde; man fand es ganz selbstverständlich, dabei gelassen den häuslichen Beschäftigungen nachzugehen, bis der Moment gekommen wäre, das Würmchen in den Kochtopf zu stecken.*“[91] Es ist überflüssig zu erwähnen, daß Schweinfurth diesen Moment nicht abwartete. Wie aus dieser Episode und aus seinem gesamten Bericht zu schließen ist, hatte er keine Bedenken, jeden Unsinn zu glauben, der ihm erzählt wurde, sobald es sich um Menschenfresserei handelte.

Ganz ähnlich verhält es sich mit den Nachrichten über Menschenfresser auf Neuguinea, wie schon am Beispiel der Jalé und der Gimi deutlich geworden ist. Ein kurzer Blick auf die im Hochland siedelnden Fore soll unsere Reise nun abschließen. Sie sind durch eine mit der Creutzfeld-Jacob-Krankheit (CJD) verwandte, als „Lachkrankheit“ oder „Kuru“ bezeichnete Erkrankung des Zentralnervensystems bekannt geworden, für deren Erforschung der Mediziner Daniel Carleton Gajdusek 1976 den Nobelpreis erhielt.[92] In die Schlagzeilen gerieten sie wieder durch den ebenfalls in die Gruppe der spongiformen Enzephalopathien gehörenden sogenannten Rinderwahnsinn (BSE). Es wurde zwar behauptet, daß Kuru durch den Verzehr verseuchter Gehirne übertragen worden sei, tatsächlich ist aber über den Ansteckungsweg nicht viel bekannt. Dies trifft auch auf den Erreger oder das Agens selbst zu. Die Inkubationszeit lag etwa zwischen vier und zwanzig Jahren, der Tod trat im allgemeinen drei bis neun Monate nach Auftreten der ersten klinischen Symptome ein.

Zu Beginn von Gajduseks Untersuchung Ende der fünfziger Jahre waren Kinder beiderlei Geschlechts etwa gleich häufig betroffen, während es sich bei den Erwachsenen ganz überwiegend um Frauen handelte. Seitdem nahm die Häufigkeit der Erkrankungen ab, das Alter, in dem sich erste Symptome zeigten, stieg an, und Frauen und Männer waren zunehmend gleichermaßen betroffen. Im Labor gelang die Übertragung der Krankheit auf oralem Weg, also über das Verdauungssystem, nur unter Schwierigkeiten und bei Schimpansen gar nicht. Gajdusek begründete daher die anfangs von ihm verworfene, seit 1970 aber akzeptierte Kannibalismus-Hypothese, die er von Ethnologen übernahm, damit, daß die Infektion durch den direkten Kontakt mit verseuchtem Gewebe während der Vorbereitung der Leiche für den Verzehr erfolgte: Der Erreger sei über die Hände, die gewöhnlich nicht gewaschen wurden, in offene Wunden, in die Augen oder in die Nase gelangt.[93]

Ein stimmiges Bild, das nur einen „Schönheitsfehler" aufweist: Weder Gajdusek noch sonst irgend jemand hat kannibalische Handlungen beobachtet. Bevor Kannibalismus als Übertragungsweg für Kuru erwogen wurde, galten außerdem Männer gleichfalls als Menschenfresser. So berichtete zum Beispiel ein Ethnologe, der sich zu Beginn der fünfziger Jahre im Gebiet der Fore aufhielt, daß sowohl Frauen als auch Männer verstorbene Verwandte und Feinde äßen, insbesondere, wenn die Leichen schon verfault seien – er vergaß allerdings zu erwähnen, daß er sich dabei stark auf Mythen und Folklore stützte. Andere Berichte sind widersprüchlich: Entweder sollen Verwandte, aber keine Feinde, oder auch nur Feinde verzehrt worden sein.[94]

Einem anderen Wissenschaftler zufolge, der in den frühen sechziger Jahren Feldforschungen in dieser Region durchführte und eine Verbindung zwischen Kannibalismus und Kuru herstellte, waren zur Zeit des Eindringens der Europäer die meisten Frauen Kannibalen, die ihren Kindern ebenfalls Menschenfleisch zu essen gaben.[95] Diese Information stammte allerdings von Männern, die im Alter von acht Jahren ihre Mütter verlassen und in das Männerhaus umziehen. Dort dürfte ihnen beigebracht worden sein, daß Frauen nicht nur gefährlich, ungezähmt und wild, sondern auch Kannibalen seien. In einer anderen Arbeit sprach er wiederum davon, daß die Toten durch Spezialisten für die Bestattung vorbereitet würden, da der Umgang mit einer Leiche in den ersten Tagen als gefährlich galt. Einen Körper gleichzeitig zu essen und zu meiden ist nun aber unmöglich, wie William Arens betonte – zugleich wies er darauf hin, daß die Männer den Frauen generell zutrauten, grundlegende Tabus zu brechen, wie zum Beispiel das Verbot des Essens von Menschenfleisch, was natürlich zu den oben genannten Aussagen führen kann.[96]

Über die traditionellen Bestattungssitten bei den Fore ist wenig bekannt. Der Umgang mit verwesenden Körpern, die Entnahme von Knochen und insbesondere von Schädeln – in der Regel Aufgabe der Frauen, die ihre Kinder bei sich hatten – war jedoch in ganz Neuguinea verbreitet. So wurde beispielsweise bei den Hewa der Schädel eines Verstorbenen ein bis zwei Monate nach der Bestattung aus dem Grab entnommen, ein Vorgang, bei dem der Kontakt mit dem verwesenden Gehirn unvermeidlich war. Indirekt ist derartiges auch für die Fore bezeugt, denn sie wurden gezwungen, die in ihren Siedlungen vorhandenen Knochen der Verstorbenen zu bestatten, was gleichzeitig mit der „Unterdrückung" des angeblich praktizierten Kannibalismus erfolgte.[97]

Dieser dürfte bei der Übertragung der Krankheit keine Rolle gespielt haben, da die beschriebene Exhumierung von Leichen im Zusammenhang mit Totenriten sowohl die Infektion selbst als auch die Zusammensetzung der Infizierten erklärt. Da Kannibalismus nie beobachtet wurde, sondern die Beschreibungen auf der Vorstellungskraft der Ethnologen, der männlichen Informanten und vielleicht der Nachbarn der Fore beruhen, sollte er auch entsprechend behandelt werden, nämlich als Phantasie.

Die dem Kapitel vorangestellte Frage nach einem Wandel der Weltbilder in der Neuzeit läßt sich nun hinsichtlich der Vorstellungen zum Kannibalismus recht eindeutig beantworten: Viel geändert hat sich nicht. Bis weit in das 20. Jahrhundert hinein wurden den „Wilden" Handlungen zugetraut, die sich von den in Antike und Mittelalter verwendeten Stereotypen nur in ihrer Detailfreude unterscheiden. Augenzeugen für das Essen von Menschenfleisch erschienen überflüssig, hatte man doch ausreichend Erzählungen, Behauptungen oder Indizien, auf die man sich berufen konnte. Ihr Vorhandensein oder Fehlen entscheidet jedoch darüber, ob es sich um tatsächlich existente Phänomene handelt oder aber um Gedankenmodelle, die wohl allen Menschen bekannt und geläufig sind – sei dies als Muster für einen noch „unzivilisierten" Zustand in der Vergangenheit, als Ausdruck der Angst vor einer Notsituation, als Symbol der Macht und Beherrschung, als Mittel der Verunglimpfung von Fremden und von „feindlichen" Elementen in der eigenen Gesellschaft, nicht zuletzt aber auch als Metapher für eine besonders enge Verbundenheit, ob nun religiöser oder profaner Natur; erinnert sei hier nur an die Eucharistie oder an Ausdrücke wie „zum Fressen gern" haben.

Der Menschenfresser: Ein Nachruf

Wir müssen wohl von der uns vertrauten, zugleich faszinierenden und abstoßenden Vorstellung vom Menschenfresser Abschied nehmen, einem Menschenfresser, der doch von Daniel Defoe in seinem Roman *Robinson Crusoe* so hervorragend und scheinbar wirklichkeitsgetreu dargestellt worden ist.

Sei es nun ein Kannibale, der „Mensch“ gesittet mit Messer und Gabel verzehrt, wie ihn Erich Kästner humorvoll beschrieb, oder einer, der seine Zähne vorzugsweise in rohes Fleisch schlägt, oder auch jener, der seine Eltern aus Pietät auf den Rost legt oder kocht und in seinem Magen beerdigt: Er ist nicht mehr als eine Vorstellung, die von unserer Phantasie im Lauf der Zeit immer detaillierter ausgeschmückt wurde. Diese Vorstellung diente und dient noch immer der Beschreibung der primitiven Vergangenheit, des Feindlichen, des Unbekannten und des Wilden, wurde doch erst kürzlich auf Neuguinea ein Volk entdeckt, das auf Bäumen leben und Menschen essen soll. Es scheint sich um ein verbreitetes, womöglich geradezu menschliches Muster zu handeln, das nicht nur innerhalb der „westlichen Zivilisation“ funktioniert. Es bedarf keiner Bestätigung durch eigenen Augenschein, um als real aufgefaßt zu werden.

Wenn sich auch die moderne ethnologische Forschung bemühte, die „Sitte“ der Menschenfresserei als normale Verhaltensweise darzustellen und sich eines negativen, ethnozentrisch geprägten Urteils zu enthalten, so blieb Kannibalismus dennoch gewissermaßen die letzte Grenze zwischen den „Wilden“ und den „Zivilisierten“. Verzehren diese kleine Partikel Haut, Fleisch oder Knochenmark, saugen sie – wenn auch widerwillig – an Knochen[1] oder trinken die Asche ihrer Verstorbenen, so gelten sie trotzdem als Kannibalen im landläufigen, nicht im symbolischen Sinn wie wir selbst, wenn wir Blutsbrüderschaft schließen, das Abendmahl zu uns nehmen, uns vor lauter Liebe beißen oder Arzneien aus Menschenfleisch und Knochen benutzten. Kannibalen – sind eben doch gänzlich andere Menschen …

Eine andere Frage ist es, ob der Kannibalismus, würde er denn existieren, wie er sich in zahlreichen Darstellungen beschrieben findet, unmenschlicher, grausamer oder verabscheuungswürdiger wäre als viele andere menschliche Verhaltensweisen, die die westliche Zivilisation hervorgebracht hat: Jonathan Swift entwarf 1729 in einer beißenden Satire den *bescheidenen Vorschlag*, doch so konsequent zu sein, irische Kinder aus dem Armenhaus Englands als Nahrungsmittel zu verwenden und zu diesem Zweck zu züchten, anstatt sie einfach nur verhungern zu lassen. Je „zivilisierter" eine Gesellschaft ist, desto grausamer und unmenschlicher geht sie mit ihren Gegnern um. Zahlreiche Beispiele belegen dies; man denke nur an die Ketzer- und Hexenverfolgungen, an die Religionskriege, an den Kolonialismus, an Hitlerdeutschland, an den Vietnamkrieg, an die Metzeleien im ehemaligen Jugoslawien … Der Krieg frißt seine Kinder – die Lebenden wie die Toten.

Der Philosoph Michel de Montaigne, der den „Guten Wilden" als Mythos etablierte, hatte diesen Sachverhalt erkannt, so möchte man meinen, als er die Unsitten seiner eigenen europäischen Gesellschaft des 16. Jahrhunderts der „zivilisierten Menschenfresserei" der Wilden gegenüberstellte. Um 1925 verfaßte die Ethnologin Ruth Benedict einen Essay über die *Nutzanwendungen des Kannibalismus*,[2] in dem es heißt, daß das Essen von menschlichem Fleisch das Empfinden von Solidarität innerhalb einer Gruppe und das der Antipathie dem Fremden gegenüber fördere und ein unvergleichliches Mittel liefere, mit tiefem Gefühl den Haß gegen seinen Feind zu befriedigen. Damit hätten wir, so Benedict weiter, möglicherweise das spezifische und souveräne Mittel wiederentdeckt, nach dem wir unsere Staatsmänner schon so lange suchen sehen; ein „nutzloser" Körper pro Jahr könne hinreichend das Verlangen nach Gewalt stillen. Da Ziele, die jetzt im modernen Krieg angestrebt würden, auch mit der vergleichsweise unschuldigen

Methode des Kannibalismus erreicht werden könnten, erschiene es wünschenswert, das eine durch das andere zu ersetzen. Sollten wir nicht, so schließt sie ihre engagierte Stellungnahme gegen den Krieg, solange noch Zeit ist, in vollem Bewußtsein zwischen Krieg und Kannibalismus wählen?

Menschenfresserei ist eine nützliche Metapher – mit ihrer Hilfe lassen sich nicht nur politische Mißstände ausdrücken, sondern auch Liebe und Haß, religiöse Verehrung und tiefster Abscheu. Zuweilen beherrschen derartige Vorstellungen einen Menschen so zwanghaft, daß sie in die Realität umgesetzt werden, wie bei manchen Serienmördern oder Anhängern satanischer Kulte – man denke beispielsweise an Fritz Haarmann, der seine Opfer zu Wurst verarbeitete und in dem Film *Der Totmacher* von Götz George beklemmend ausdrucksstark verkörpert wurde, an Jeffrey Dahmer oder an Andrej Tschikatilo, der jahrelang mordete, bevor er endlich gefaßt werden konnte, und der Geschlechtsteile seiner Opfer gegessen haben soll; er sagte aus, sein Bruder sei während der großen Hungersnot in der Ukraine 1933 weggefangen und aufgefressen worden.

Hungerkannibalismus – darin mag eine Ursache zu finden sein, warum sich Phantasien über Menschenfresser entwickelt haben und eine so starke Anziehungskraft ausüben: Schrecken, Faszination des Verbotenen, Ekel, Schauder und dennoch eine jederzeit mögliche, in Extremsituationen vielleicht gar notwendige Handlung. Seine Faszinationskraft wird der Kannibalismus vermutlich nie verlieren, auch wenn man sich mit der Tatsache anfreunden muß, daß die landläufige Vorstellung vom „Wilden" als Menschenfresser wohl falsch ist. Daran ändert das heutzutage arg strapazierte Argument nichts, daß im Tierreich häufig der Verzehr von Artgenossen festzustellen wäre, und insbesondere derartige „Sitten" bei Schimpansen, wie sie erstmals Jane Goodall beobachtet hatte[3] – wenn auch nicht als normal und allgemein üblich –, für das Verhalten des Menschen aufschlußreich seien. Menschen sind jedoch trotz enger Verwandtschaft keine Schimpansen, und die Existenz einer Sitte bei einer Primatengruppe kann nicht die fehlende Beobachtung bei der anderen ersetzen. Als gesellschaftlich akzeptierte Formen des Kannibalismus lassen sich jedenfalls offensichtlich nur symbolische Handlungen, wie sie oben beschrieben wurden, und Gedankenmodelle nachweisen.

Anhang

Anmerkungen

I. Urgeschichte – Die Illusion der Fakten

1 Schaaffhausen 1870, 264.
2 B.-U. Abels, Kannibalismus auf der Ehrenbürg. Das Archäologische Jahr in Bayern 1990 (1991) 70.
3 D. Mania, Eine jungbronzezeitliche und eine jüngere Befestigungsanlage auf der „Altenburg" bei Nebra (Unstrut). Jahresschrift Halle 55, 1971, 169–188 (bes. 183).
4 W. Stöhr, Das Totenritual der Dajak. Ethnologica N.F. 1 (Köln 1959) 1.
5 R. Huntington u. P. Metcalf, Celebrations of Death. The Anthropology of Mortuary Ritual (Cambridge Univ. Press 1980) 89 f.
6 Zum Problem der Begriffe Abfall und Müll in der Archäologie vgl. U. Sommer, Zur Entstehung archäologischer Fundvergesellschaftungen – Versuch einer archäologischen Taphonomie. Universitätsforschungen zur prähistorischen Archäologie 6 (Bonn 1991) 50–174.
7 D. Walter, Thüringer Höhlen und ihre holozänen Bodenaltertümer (Weimar 1985) 47.
8 Ohler 1990, 103 f., 105.
9 Vorsichtig und kritisch dagegen z.B. D. Brothwell, Cannibalism in Early Britain. Antiquity 35, 1961, 304–307; Lange 1983, 111.
10 G. Kossack, Nachwort zu Eggers 1986, 305.
11 W. Baer u. F. von Hellwald, Der Vorgeschichtliche Mensch. Ursprung und Entwicklung des Menschengeschlechts (Leipzig 1874) 183. Zu Rasse und Rassismus vgl. G. L. Mosse, Die Geschichte des Rassismus in Europa (Frankfurt/M. 1990).
12 J. Steenstrup, Mitteilungen der Anthropologischen Gesellschaft Wien 20, 1890, 16.
13 Baron de Dücker, Congrès International d'Anthropologie et d'Archéologie Préhistoire 4, Kopenhagen 1869 (1875) 314.
14 Andree 1887, 2 f.
15 K. E. Müller 1972, 270 f., Anm. 516.
16 Zit. nach K.-H. Kohl, Entzauberter Blick. Das Bild vom Guten Wilden (Frankfurt/M. 1986) 23 f.
17 Vgl. z.B. Volhard 1939, 374 ff. (das Kapitel über profanen Kannibalismus beschäftigt sich ausschließlich ernsthaft mit solchen Phantasien).

18 Zit. nach C. Stringer u. R. McKie, Afrika – Wiege der Menschheit. Die Entstehung, Entwicklung und Ausbreitung des Homo sapiens (München 1996) 41; R. Ardrey, Adam kam aus Afrika. Auf der Suche nach unseren Vorfahren (Wien-München 1978 = African Genesis, 1961).

19 C. K. Brain, The Hunters or the Hunted? An Introduction to African Cave Taphonomy (Univ. of Chicago Press 1981); F. Schrenk, Die Frühzeit des Menschen. Der Weg zum Homo sapiens (München 1997) 53 ff. Mit Raubtieren sind nicht nur Leoparden gemeint, sondern auch große Raubvögel, denen zum Beispiel das Kind von Taung zum Opfer fiel.

20 K. E. Müller 1972, 193, 64 f.; Burkert 1972, 15; Monegal 1982, 191.

21 Forster 1983, 570, 637.

22 G. Asmus, Die altpaläolithischen Menschenfunde im Spiegel ihrer Kulturen. Mitteilungen der Anthropologischen Gesellschaft Wien 72, 1942, 275.

23 G. Behm-Blancke, Höhlen, Heiligtümer, Kannibalen. Archäologische Forschungen im Kyffhäuser (Leipzig 1958) 249.

24 R. Steinmetz, Endokannibalismus. Mitteilungen der Anthropologischen Gesellschaft Wien 16, 1896, 47 f.

25 G. J. Baudy, Hierarchie oder: Die Verteilung des Fleisches. In: B. Gladigow u. H. G. Kippenberg (Hrsg.), Neue Ansätze in der Religionswissenschaft (München 1983) 153.

26 A. R. W. Green, The Role of Human Sacrifice in the Ancient Near East (American School of Oriental Research, Diss. Ser. 1, 1975); Hughes 1991.

27 Hughes 1991. Vgl. ferner den nicht unumstrittenen Fund eines Menschenopfers, das angesichts einer Naturkatastrophe in einem Tempel bei Arkhanes auf Kreta dargebracht worden sein soll: Y. Sakellarakis, National Geographic 159, 2, 1981, 204–222. Skeptisch dazu: R. Jung, Menschenopferdarstellungen? Zur Analyse minoischer und mykenischer Siegelbilder. Prähistorische Zeitschrift 72, 1997, 133–194, bes. 176 ff.

28 Burkert 1972, 44.

29 Baal 1981, 181.

30 Boehm 1932, 162.

31 Berg, Rolle u. Seemann 1981, 120.

32 Forster 1983, 447 f.

33 Matiegka 1896, 138.

34 Z. B. Harner 1977; Harris 1977; 1988.

35 Trinkaus u. Shipman 1993, 220.

36 Die hier und im folgenden für urgeschichtliche Perioden angegebenen absoluten Daten sind nur grobe Mittelwerte; so beginnt beispielsweise die Jungsteinzeit in Vorderasien wesentlich früher, in Mitteleuropa dagegen später.

37 Trinkaus u. Shipman 1993, 223.

38 Virchow in: A. Wollemann, Ausgrabung einer Höhle im Ith bei dem Dorfe Holzen (Harz). Zeitschrift für Ethnologie 15, 1883, (516 ff.), hier: (520).

39 O. Paret, Württemberg in vor- und frühgeschichtlicher Zeit (Stuttgart 1961) 87f.
40 Andree 1887.
41 C. Vogt, Anthropophagie et sacrifices humains. Congrès International d'Anthropologie et d'Archéologie Préhistoire 5, Bologna 1871 (1873) 297f.; F. Garrigou, L'anthropophagie chez les peuples des âges du renne et de la pierre polie dans les cavernes du midi de la France. Bulletin Société d'Anthropologie Paris 2, Ser. II, 1867, 330.
42 Schaaffhausen 1870, 285f.
43 Trinkaus u. Shipman 1993, 139f.
44 Ebd., 209ff.; E. Trinkaus, Cannibalism and Burial at Krapina. Journal of Human Evolution 14, 1985, 203ff.
45 H. Ullrich, Manipulations on human corpses, mortuary practice and burial rites in Palaeolithic times. Anthropos (Brno) 23, 1986, 227ff. Vgl. zur Interpretation derartiger Spuren, insbesondere im Vergleich mit gleichzeitigen Tierknochen: J. Orschiedt, Der Nachweis einer Sekundärbestattung aus dem Magdalénien der Brillenhöhle, Alb-Donau-Kreis (Baden-Württemberg). Archäologisches Korrespondenzblatt 27, 1997, 193ff.
46 Jankuhn 1968; Berg, Rolle u. Seemann 1981, 121.
47 K. J. Narr, Zeitschrift für Ethnologie 85, 1960, 280f.
48 P. Shipman, Life History of a Fossil: An Introduction to Vertebrate Taphonomy and Paleoecology (Harvard Univ. Press 1981); R. Lee Lyman, Vertebrate Taphonomy (Cambridge Univ. Press 1994).
49 Sobald man meint, eine Schnittspur festgestellt zu haben, und sei es auch nur an Fuß- und Schläfenknochen, ist heutzutage wieder von Kannibalismus die Rede, vgl. z.B. E. Carbonell u.a., Lower Pleistocene Hominids and Artifacts from Atapuerca-TD6 (Spain). Science 269, 1995, 826ff.
50 J. Courtin u.a., Cannibalism in the Neolithic. Science 233, 1986, 431ff. Dies ist quasi ein Vorläufer der neuesten Tendenz, insbesondere unter amerikanischen Forschern, Spuren an Knochen mit der unbegründeten Behauptung, entsprechendes sei mit mehrstufigen Bestattungsritualen, Kriegshandlungen etc. nicht zu erklären, als Beweise für (profanen) Kannibalismus anzuführen, und dies zudem mit der wiederum grundlosen Behauptung, es handele sich dabei um neue wissenschaftliche Erkenntnisse, vgl. A. Gibbons, Archaeologists Rediscover Cannibals. Science 277, 1997, 635ff. Vgl. bes. T. D. White, Prehistoric Cannibalism at Mancos 5MTUMR-2346 (Princeton Univ. Press 1992). Klar ist in dieser Diskussion lediglich eine Tatsache: Spuren lassen sich inzwischen besser erkennen - für ihre Deutung dagegen bleiben nach wie vor verschiedene Möglichkeiten offen, die zunächst jeweils ernsthaft untersucht werden müßten, bevor man sich für eine Möglichkeit entschließt. Dies lassen die o.g. Arbeiten vermissen.
51 O. Kunkel, Die Jungfernhöhle bei Tiefenellern. Eine neolithische Kultstätte auf dem fränkischen Jura bei Bamberg (München 1955).

52 F. Beßler u. a., Ausgrabungen und Funde in Unterfranken. Frankenland N.F. 30, 1978, 320 ff.
53 Peter-Röcher 1997 (Bestattungssitten).
54 J. Wahl u. H. G. König, Anthropologisch-traumatologische Untersuchung der menschlichen Skelettreste aus dem bandkeramischen Massengrab bei Talheim, Kreis Heilbronn. Fundberichte aus Baden-Württemberg 13, 1987, 65 ff.; M. Teschler-Nicola u. a., Anthropologische Spurensicherung. Die traumatischen und postmortalen Veränderungen an den linearbandkeramischen Skelettresten von Asparn/Schletz. Archäologie Österreichs 7/1, 1996, 4 ff.
55 Peter-Röcher 1997 (Menschliche Skelettreste).
56 Vgl. H. Derwein, Geschichte des Christlichen Friedhofs in Deutschland (Frankfurt/M. 1931); P. Ariès, Geschichte des Todes (München 1985).
57 A. Nehring, Über die Höhle von Holzen (Kreis Holzminden). Zeitschrift für Ethnologie 16, 1884, (90).
58 Ebd., (93).
59 M. Geschwinde, Höhlen im Ith. Urgeschichtliche Opferstätten im südniedersächsischen Bergland (Hannover 1988); darin: anthropologische Untersuchung durch M. Schultz.
60 Peter-Röcher 1994, 85 ff.
61 Zit. nach K. v. Welck, „Unsere" nordamerikanischen Indianer. Streifzüge durch die Literatur. In: Theye (Hrsg.) 1985, 185.
62 Strab. 4,4,5 p. 197 f. C, zit. nach Herrmann (Hrsg.) 1988, 225.
63 Peter-Röcher 1998.
64 Zit. nach Andree 1887, 13 und Herrmann (Hrsg.) 1988, 180 (Diod. V, 32,3).
65 VII, 77, 2–12.
66 Lange 1983; E. Hahn, Die Kelten aus anthropologischer Sicht. In: H. Dannheimer u. R. Gebhard (Hrsg.), Das keltische Jahrtausend (Mainz 1993) 134–136.
67 H. Lorenz, Rundgang durch eine keltische Stadt (Pfaffenhofen 1986) 192.
68 Weitere Möglichkeiten, wie etwa Knochen als Amulette und als Attribute von Priestern oder Zauberern, Körperstrafen und Hinrichtungen usw. lassen sich schwieriger konkret im Material nachweisen.

II. Antike und Mittelalter – Die dunkle Seite des „Goldenen Zeitalters"

1 Zit. nach K. E. Müller 1972, 63.
2 Zit. nach ebd., 170.
3 Neunter Gesang, Vers 287 ff.; 106 ff.
4 Burkert 1972, 98 ff., bes. 103 f., 99.

5 Z.B. F. Schwenn, Die Menschenopfer bei den Griechen und Römern (Gießen 1915) 71 f.
6 Jeremia 19, 7 ff.; Klagelieder Jeremias 4, 10; 2, 20.
7 Vgl. zur Transsubstantiation: P. Redondi, Galilei, der Ketzer (München 1991) 210 ff.
8 Wendt 1989, 109; F. Lestringant, Catholiques et cannibales. Le thème du cannibalisme dans le discours protestant au temps des guerres de religion. In: Pratiques et discours alimentaires à la Renaissance. Actes du colloque de Tours 1979 (Paris 1982) 233 ff.
9 Rohrbacher u. Schmidt 1991, 291; Cohn 1988, 91.
10 Johann Huizinga, Herbst des Mittelalters, zit. nach Thomsen 1983, 43.
11 Ohler 1990, 99. 1236 wurde sie exhumiert, der Kopf abgetrennt, von Haar sowie Haut befreit und in ein Kopfreliquiar überführt. Vgl. dazu und allgemein: A. Angenendt, Heilige und Reliquien. Die Geschichte ihres Kultes vom frühen Christentum bis zur Gegenwart (München 1997) 153, 155.
12 E. Richter, Die „andächtige Beraubung" geistlicher Toter als volksglaubenskundliches Phänomen. Ein volkskundlicher Grundbeitrag zur Geschichte der Reliquienverehrung. Bayerisches Jahrbuch für Volkskunde 1960, 86.
13 Murner 1751, zit. in Andree 1912, 12.
14 E. Richter (wie oben) 98.
15 Ebd. und H. Bächtold-Stäubli (Hrsg.), Handwörterbuch des deutschen Aberglaubens (Berlin u. Leipzig) Bd. IV, 46 f.
16 K. B. Leder, Todesstrafe. Ursprung, Geschichte, Opfer (München 1986) 124 f.
17 Schaaffhausen 1870, 247.
18 B. D. Shaw, ‚Eaters of Flesh, Drinkers of Milk': The Ancient Mediterranean Ideology of the Pastoral Nomad. Ancient Society 13/14, 1982/83, 9 (nach M. I. Finley).
19 Wittkower 1942, 160, 183 f.
20 Ebd., 164; K. E. Müller 1972, 252.
21 Zit. nach Herrmann (Hrsg.) 1988, 299.
22 Solinus XV, 1 ff., zit. nach K. E. Müller 1972, 182 f.
23 Adversus Iovinianum, zit. nach Andree 1887, 14.
24 Röckelein 1996, 44 f. Anm. 1 u. 5.
25 Bitterli 1986, 181.
26 Zit. nach Bitterli 1980, 181.
27 Wittkower 1942, 170 ff.
28 K. E. Müller 1980, 306.
29 Ebd., 306 f.; Adam von Bremen, Hamburgische Kirchengeschichte. Übersetzt von J. M. C. Laurent (Berlin 1850) IV, 19, 20, 25.
30 Wittkower 1942, 179 ff.; Schmitt, Bd. 1, 85.
31 Zit. nach Bitterli 1976, 370.
32 Rohrbacher u. Schmidt 1991, 188; Cohn 1988, 81.

33 L. Baier, Die große Ketzerei. Verfolgung und Ausrottung der Katharer durch Kirche und Wissenschaft (Berlin 1987) 17 f.

34 Gewecke 1992, 84 Anm. 18; V. Slessarev, Prester John. The Letter and the Legend (Univ. of Minnesota Press 1959) 27.

35 Ebd. (Slessarev), 69 f.; vgl. auch Baring-Gould 1967, 39 f., 44 f.

36 A. de Waal Malefijt, Homo monstrosus. Scientific American 219, 1968, 116.

37 Marco Polo, Von Venedig nach China. Die größte Reise des 13. Jahrhunderts (Stuttgart 1983) 118 ff.

38 Ebd., 260 f.

39 Ebd., 270.

40 Ebd., 273 f.

41 Ebd., 276 f.

42 Ebd., 289, 299.

43 Kolumbus 1981, 238, 293, 295 f., 92 f.

44 A. Pigafetta, Die erste Reise um die Erde. Ein Augenzeugenbericht von der Weltumsegelung Magellans 1519–1522 (Stuttgart 1983) 247 f., 198 f., 242.

45 Ebd., 240 f.

46 Zit. nach Thomsen 1983, 80.

47 Das Tagebuch des Fray Gaspar de Carvajal. In: Grün u. Grün (Hrsg.) 1973, 240; Schmitt, Bd. 2, 421 ff.

48 XXII, 5, zit. nach Bickermann 1927, 174.

49 Henrichs 1973, 33 f.; Bickermann 1927, 175; Cohn 1977, 6.

50 Zit. nach Bickermann 1927, 175.

51 Nach Rohrbacher u. Schmidt 1991, 322, 290.

52 Boehm 1932, 188; DER SPIEGEL 40, 1991, 233.

53 Ginzburg 1990, 79; Josephus, Contra Apionem, Henrichs 1973, 23.

54 Zit. nach W. Schulze, Der Vorwurf des Ritualmordes gegen die Christen im Altertum und in der Neuzeit. Zeitschrift für Kirchengeschichte 65, 1953/54, 304 f.

55 Speyer 1963, 134; Cohn 1977, 16.

56 Henrichs 1973, 28.

57 Speyer 1963, 134 f.; Henrichs 1973, 29 ff. (Er bezieht sich auf Apion, Epiphanius, Minucius Felix und den Roman *Phoinikika* von Lollianus).

58 Soldan u. Heppe 1986, 122; Ginzburg 1990, 79, 80 f.; N. Cohn, The Myth of Satan and his Human Servants. In: M. Douglas (Hrsg.), Witchcraft. Confessions and Accusations (London 1970) 8 f., 10.

59 Delumeau 1989, 326.

60 Zit. nach Rohrbacher u. Schmidt 1991, 254.

61 P. Browe, Die Eucharistie als Zaubermittel im Mittelalter. Archiv für Kulturgeschichte 20, 1930, 141; Ginzburg 1990, 41.

62 Zit. nach Ginzburg 1990, 51 f.

63 Ebd., 67 ff.; Zukier 1987, 97; Groh 1987, 16; Cohn 1988, 92; Delumeau 1989, 185 f.; Rohrbacher u. Schmidt 1991, 197 ff.

64 Langmuir 1972.
65 Zukier 1987, 88; Rohrbacher u. Schmidt 1991, 274ff.; Delumeau 1989, 436; R. Erb (Hrsg.), Die Legende vom Ritualmord. Zur Geschichte der Blutbeschuldigung gegen Juden (Berlin 1993).
66 Rohrbacher u. Schmidt 1991, 280ff.; Langmuir 1972, 462.
67 Beide Zitate nach Rohrbacher u. Schmidt 1991, 154, 153.
68 Ebd., 208ff.; N. Cohn, Die Protokolle der Weisen von Zion. Der Mythos von der jüdischen Weltverschwörung (Köln-Berlin 1969).
69 Vgl. W. Jilg, „Hexe" und „Hexerei" als kultur- und religionsgeschichtliches Phänomen. In: Schwaiger (Hrsg.) 1988, 37ff.
70 Ginzburg 1990, 294.
71 R. Götz, Der Dämonenpakt bei Augustinus. In: Schwaiger (Hrsg.) 1988, 57ff.
72 Cohn 1977, 153, 208; Soldan u. Heppe 1986, 107; Röckelein 1996.
73 Ginzburg 1990, 91ff.
74 Soldan u. Heppe 1986, 117.
75 Ebd., 183ff.
76 Ginzburg 1990, 85.
77 Cohn 1977, 225.
78 Ginzburg 1990, 73 ff.
79 Ebd., 77; Cohn 1977, 225f.; A. Blauert, Frühe Hexenverfolgungen. Ketzer-, Zauberei- und Hexenprozesse des 15. Jahrhunderts (Hamburg 1989).
80 Vgl. E. Labouvie, Zauberei und Hexenwerk. Ländlicher Hexenglaube in der frühen Neuzeit (Frankfurt/M. 1991) 18ff.
81 Zit. nach M. Hammes, Hexenwahn und Hexenprozesse (Frankfurt/M. 1987) 65f. Vgl. auch W. Behringer (Hrsg.), Hexen und Hexenprozesse (München 1993) 293ff.

III. Neuzeit – Weltbilder im Wandel?

1 Und nicht vier, wie seine Briefe glauben machen wollen, vgl. Menninger 1995, 50. Zu früheren Amerika-Fahrten vgl. Schmitt, Bd. 1.
2 R. Bernheimer, Wild Men in the Middle Ages. A Study in Art, Sentiment and Demonology (Cambridge, Mass. 1952); T. Husband (Hrsg.), The Wild Man. Medieval Myth and Symbolism (New York, Metropolitan Museum of Art 1980); F. W. Sixel, Die deutsche Vorstellung vom Indianer in der ersten Hälfte des 16. Jahrhunderts. Annali del Pontificio Missionario etnologico già Lateranensi 30, 1966, 9–230.
3 K.-H. Kohl, Ethnologie – die Wissenschaft vom kulturell Fremden. Eine Einführung (München 1993).
4 Malinowski 1983, 411.
5 N. Ohler, Reisen im Mittelalter (München 1991) 290f.
6 Zit. nach K. Kreimeier, „In die schwarze Farbe der Nacht gehüllt ...". Afrika und wir. In: Theye (Hrsg.) 1985, 116.

7 Zit. nach Kohl 1987, 68f.
8 Zit. nach Monegal 1982, 86.
9 Zit. nach W. Behringer (Hrsg.), Amerika. Die Entdeckung und Entstehung einer neuen Welt (München 1992) 207f.
10 Gewecke 1992, 106f.
11 Vgl. z.B. Wendt 1989, 16f.
12 Zit. nach H. Scurla (Hrsg.), Beiderseits des Amazonas. Reisen deutscher Forscher des 19. Jahrhunderts durch Südamerika (Berlin 1972) 214.
13 Dazu ausführlich Menninger 1995, 91ff.
14 Kohl 1987, 82f.
15 Vgl. Theye 1985, 22; M. Koch-Hillebrecht, Der Stoff, aus dem die Dummheit ist. Eine Sozialpsychologie der Vorurteile (München 1978).
16 Turnbull, zit. nach Theye (Hrsg.) 1985, 23. Vgl. allgemein P. Watzlawick, Wie wirklich ist die Wirklichkeit? Wahn – Täuschung – Verstehen (München 1976).
17 Ausführlich zu dieser Problematik Gewecke 1992, 273 ff.
18 B. Malinowski, Argonauten des westlichen Pazifik (Frankfurt/M. 1984; [1]1922) 48f.; ders., Magie, Wissenschaft und Religion. Und andere Schriften (Frankfurt/M. 1973) 128f. Die posthume Veröffentlichung seines Tagebuchs (Ein Tagebuch im strikten Sinn des Wortes. Neuguinea 1914–1918 [Frankfurt/M. 1985; [1]1967]), in dem deutlich wurde, wie wenig er selbst in der Lage war, die von ihm später definierten Prinzipien der Teilnahme zu empfinden und zu leben, setzte eine sehr fruchtbare Diskussion über diese Methode und über die aus den klassischen Monographien sorgsam ferngehaltenen emotionalen Konflikte, denen sich der Forscher im Feld gegenübersieht, in Gang und gab Anlaß zu der Frage, inwieweit fremdes Denken überhaupt zu verstehen ist.
19 Kohl 1987, 10; Bitterli 1986, 45.
20 Arens 1979, 34.
21 Frank 1988, 79.
22 Vgl. z.B. G. Kubik, Zur inneren Kritik ethnographischer Feldberichte aus der kolonialen Periode. Wiener Ethnohistorische Blätter 2, 1971, 31–41; G. W. Stocking Jr. (Hrsg.), Observers observed. Essays on Ethnographic Fieldwork. History of Anthropology I (Wisconsin/London 1983).
23 Zit. nach Bitterli 1980, 251f.
24 E. E. Evans-Pritchard, Theorien über primitive Religionen (Frankfurt/M. 1981) 40f.
25 Thiel 1981, 91. Auch in modernen ethnologischen Arbeiten bleibt oft unklar, woher die Informationen im einzelnen stammen, was eine Unterscheidung von Daten, ihrer Herkunft und der aus ihnen abgeleiteten Interpretation erschwert. Die Darstellung im „ethnologischen Präsens" macht eine Beurteilung noch schwieriger. Vgl. die Kritik bei H. Zinser, Der Mythos des Mutterrechts. Verhandlung von drei aktuellen Theorien des Geschlechterkampfes (Frankfurt/M.-Berlin-Wien 1981) 34f.

26 Vgl. z. B. Thiel 1981, 85.
27 Zit. nach T. Koch-Grünberg, Die Anthropophagie der südamerikanischen Indianer. Internationales Archiv für Ethnographie 12, 1899, 78–110 (hier: 105 f.).
28 Ratzel 1887 (Rezension von Andree 1887) 82.
29 Ebd., 83.
30 Das Tagebuch des Jesuitenpaters Samuel Fritz. Zit. nach Grün u. Grün (Hrsg.) 1973, 286.
31 Vgl. z. B. Frank 1988, 195.
32 Diaz del Castillo 1988, 446 f., 465.
33 J. E. Erskine, Journal of a Cruise among the Islands of the Western Pacific (London 1853) 258 f.
34 G. Hogg, Cannibalism and Human Sacrifice (London 1958) 31. Vgl. auch die Zusammenstellung von guten Augenzeugenberichten, bei denen aber immer die Beobachtung des Essens fehlt: D. H. R. Spennemann, Cannibalism in Fiji: The Analysis of Butchering Marks on Human Bones and the Historical Record. With an Appendix on Experimental Butchering with Bamboo Blades. Domodomo 5 (2), 1987, 29–46.
35 Lewis 1989, 94.
36 Forster 1983, 443 f.
37 Vgl. insbesondere ebd., 884 ff. Ferner D. Kaufmann, Die „Wilden" in Geschichtsschreibung und Anthropologie der „Zivilisierten". Historische und aktuelle Kontroversen um Cooks Südseereisen und seinen Tod auf Hawaii 1779. Historische Zeitschrift 260, 1995, 49–73 (hier: 60 ff.).
38 Zit. in Baring-Gould 1967, 157 f.; vgl. auch Kremser 1981, 88.
39 Zit. nach Kremser 1981, 87 f.
40 A. L. Bennett 1899, zit. nach Shankman 1969, 59.
41 Lewis 1989, 94 (mit weiteren Beispielen).
42 Bitterli 1976, 103; S. Goldmann, Wilde in Europa. Aspekte und Orte ihrer Zurschaustellung. In: Theye (Hrsg.) 1985, 265.
43 Shankman 1969, 59 f. (nach M. J. Meggitt, Desert People).
44 Dies zeigt sich zum Beispiel deutlich im Aufsatz von C. A. Schmitz, Zum Problem des Kannibalismus im nördlichen Neuguinea. Paideuma 6, 1954–1958, 381–410, der für die Darstellung des tatsächlichen Kultgeschehens nicht einen Augenzeugen anführen konnte.
45 G. A. Zegwaard, Headhunting Practices of the Asmat of Netherlands New Guinea. American Anthropologist 61, 1959, 1020–1041.
46 P. Wirz, Die Marind-anim von Holländisch Süd-Neuguinea. Abhandlungen aus dem Gebiet der Auslandskunde der Hamburgischen Universität 10 (1922) und 16 (1925).
47 J. van Baal, Dema. Description and Analysis of Marind-anim Culture (The Hague 1966); ders. 1981, 175 ff.
48 Steadman u. Merbs 1982, 618.
49 Nach Evans-Pritchard zit. in M. Kremser, Archetypische Motive im Hexenwesen und ihre kulturspezifischen Formen bei den Azande in

Zentralafrika. Mitteilungen der Anthropologischen Gesellschaft Wien 111, 1981, 16–33 (hier: 29). Vgl. ferner E. E. Evans-Pritchard, Hexerei, Orakel und Magie bei den Zande (Frankfurt/M. 1978).

50 K.-F. Koch, Cannibalistic Revenge in Jalé Warfare. Natural History 79, 1970, 40–51.

51 G. Gillison, Cannibalism among Women in the Eastern Highlands of Papua New Guinea. In: Brown u. Tuzin (Hrsg.) 1983, 33–50.

52 Zudem sollen Feinde verzehrt worden sein: Glasse 1967, 751.

53 S. Lindenbaum, Symbolic Production and Consumption. In: Brown u. Tuzin (Hrsg.) 1983, 94–106 (hier: 96).

54 Kolumbus 1981, 46f., 63, 132.

55 Ebd., 116f., 154f., 228ff.

56 Ebd., 295f.

57 Kolumbus 1991, 60.

58 Ebd., 96. Mit Sodomie bezeichnete man zur damaligen Zeit alle als widernatürlich aufgefaßten sexuellen Praktiken, so beispielsweise auch homosexuelle.

59 Ebd., 94f., 16, 63f., 220.

60 Ebd., 54.

61 Pater Labats Sklavenbericht. Abenteuerliche Jahre in der Karibik 1690–1705 (Stuttgart 1984) 139, 224 ff. Vgl. ferner W. Sheldon, Brief Account on the Caraibs who inhabited the Antilles. Transactions of the American Antiquarian Society 1, 1820, 365–433.

62 Vgl. z.B. Kolumbus 1991, 67.

63 Dabei ist der Anteil der Kompilatoren wie z. B. Peter Martyr, die die Nachrichten sammelten und bearbeiteten, für die Entwicklung und Verbreitung des Kannibalen-Topos von großer Bedeutung, wie Annerose Menninger (1995, bes. 91ff., 257ff.) überzeugend nachweisen konnte.

64 Vgl. z.B. H. Cortés, Die Eroberung Mexikos. Drei Berichte von Hernán Cortés an Kaiser Karl V. (Frankfurt/M. 1980) 196, 225.

65 Diaz del Castillo 1988, 17, 133, ferner 135. Vgl. auch V. von Hagen, Auf der Suche nach dem Goldenen Mann. Die Geschichte von El Dorado (Reinbek bei Hamburg 1979) 62 (über die Expedition von Dalfinger).

66 Diaz del Castillo 1988, 412.

67 Inzwischen ist fraglich, ob die Azteken und andere Völker Mittelamerikas überhaupt Menschen opferten, oder ob es sich auch hier um Propaganda der Eroberer handelt. Die in den Codices überlieferten Beschreibungen wären dann als mythische Darstellungen anzusehen: Vgl. P. Hassler, Menschenopfer bei den Azteken? Eine quellen- und ideologiekritische Studie. Europäische Hochschulschriften R. XIX, Bd. 30 (Bern 1992). Zu denken gibt immerhin die Tatsache, daß bei Ausgrabungen keineswegs Massen an Menschenknochen zutage kommen, wie dies eigentlich der Fall sein müßte; vgl. in diesem Zusammenhang z.B. die Grabungen im Tempelbezirk von Tenochtitlan, die lediglich einen prunkvoll verzierten Schädel zum Vorschein brachten: E. Matos Mocte-

zuma, Der Templo Mayor. In: Glanz und Untergang des Alten Mexiko (Mainz 1986) 104–119.

68 Vgl. z.B. Harner 1977; Harris 1977; ders. 1988. Diese Theorie ist von B. R. Ortiz de Montellano, Aztec Cannibalism: An Ecological Necessity? Science 200, 1978, 611–617, ausführlich und überzeugend widerlegt worden. Er wies zugleich darauf hin, daß einige Passagen, die den Kannibalismus in der spanischen Version des Florentiner Codex behandeln, in der Náhuatl-Version fehlen; es ist zu vermuten, daß sie durch Sahagún eingefügt wurden, nicht zuletzt deshalb, um sich gegen Verdächtigungen seiner Vorgesetzten, er würde mit der heidnischen Religion sympathisieren, zur Wehr zu setzen. Vgl. dazu ferner T. Todorov, Die Eroberung Amerikas. Das Problem des Anderen (Frankfurt/M. 1985) 268.

69 Diaz del Castillo 1988, 432.

70 Zit. nach Harris 1988, 228.

71 Forsyth 1983, 155f.

72 Harris 1988, 228f.; Forsyth 1983, 163f.

73 Wendt 1989, 65.

74 Menninger 1995, 152.

75 Wendt 1989, 96. Vgl. in diesem Zusammenhang auch den z. T. ähnlich motivierten Umgang mit Gefangenen bei den Irokesen und Huronen: Sanday 1986, 145f. Zu Kannibalismus und Folter vgl. auch Peter-Röcher 1994, 205ff.

76 Léry 1977, 268 f. Vgl. ferner 256, 258f.; Forsyth 1983, 166 (Pater Blasquez); Staden 1988, 136.

77 Vgl. z.B. Léry 1977, 313f.

78 Ebd., 155, 275, 109. Zur Geschichte der Kolonie Guanabara vgl. Gewecke 1992, 159ff.; Menninger 1995, 202ff.

79 Vgl. z.B. Staden 1988, 158f. (Knochen mit etwas Fleisch daran); 182 (Korb mit Fleisch); 185 f. (Aufkochen von getrocknetem Fleisch).

80 Vgl. ebd., 169.

81 H. P. Duerr, Obszönität und Gewalt. Der Mythos vom Zivilisationsprozeß, Band 3 (Frankfurt/M. 1995) 242, mit vielen Beispielen (242ff.).

82 Léry 1977, 269; B. Bucher, Die Phantasien der Eroberer. Zur graphischen Repräsentation des Kannibalismus in de Brys ‚America'. In: K.-H. Kohl (Hrsg.), Mythen der Neuen Welt. Zur Entdeckungsgeschichte Lateinamerikas (Berlin 1982) 75–91 (hier: 81).

83 Detailliertere Analysen von Stadens Bericht und von anderen Darstellungen finden sich in Peter-Röcher 1994, 195 ff.; Menninger 1992; 1995; 1996; dies., Hans Stadens „Wahrhaftige Historia". Zur Genese eines Bestsellers der Reiseliteratur. In: Geschichte in Wissenschaft und Unterricht 47, 9, 1996, 509–525.

84 Frank 1987, 217, 203; 1988, 76. Er analysierte ca. 150 Quellen zum Kannibalismus in Brasilien und Ost-Peru, von denen ganze vier als Augenzeugenberichte übrigblieben, die alle das Trinken der Knochenasche Verstorbener beschreiben.

85 Eine genaue Analyse der Berichte erfolgte durch E. E. Evans-Pritchard, Zande Cannibalism. In: Ders., The Position of Women in Primitive Society and Other Essays in Social Anthropology (London 1965) 133–164. Vgl. ferner Kremser 1981; Peter-Röcher 1994, 177 ff.

86 Schweinfurth 1984, 105.

87 Ebd., 115.

88 Ebd., 185 f., 158 ff.

89 Ebd., 289, 229, 214, 230.

90 Ebd., 209 f., 286.

91 Ebd., 218, 287.

92 Er wurde inzwischen wegen Pädophilie verurteilt, vgl. DER SPIEGEL 10, 1997, 141 ff.

93 D. C. Gajdusek, Unconventional Viruses and the Origin and Disappearance of Kuru. Science 197, 1977, 943–960 (hier: 956 f.). Sollte die Ansteckung doch oral erfolgen, kann der Erreger auf diese Weise natürlich auch in den Mund oder auf die gewöhnliche Nahrung gelangt und so aufgenommen worden sein.

94 R. M. Berndt, nach Steadman u. Merbs 1982, 616 f.

95 Glasse 1967, 751; vgl. auch Harris 1988, 220.

96 Arens 1979, 110 f.

97 Steadman u. Merbs 1982, 619 ff.

Der Menschenfresser: Ein Nachruf

1 F. J. P. Poole, Cannibals, Tricksters, and Witches: Anthropophagic Images Among Bimin-Kuskusmin. In: Brown u. Tuzin (Hrsg.) 1983, 6–32 (hier: 15–17); Malinowski 1983, 119 f.

2 Zit. nach Geertz 1990, 103 ff.

3 J. Goodall, Ein Herz für Schimpansen. Meine 30 Jahre am Gombe-Strom (Reinbek bei Hamburg 1991) 94 ff., 129 f.

Literatur

Andree, R., Die Anthropophagie, eine ethnographische Studie. Leipzig 1887.

Ders., Menschenschädel als Trinkgefässe. Zeitschrift des Vereins für Volkskunde 22, 1912, 1–33.

Arens, W., The Man-Eating Myth. Anthropology and Anthropophagy. Oxford Univ. Press 1979.

Ashley-Montagu, M. F., Cannibalism and Primitive Man. Science 86, 1937, 56 f.

Baal, J. van, Man's Quest for Partnership: The anthropological foundations of ethics and religion. Assen 1981.
Baring-Gould, S., Curious Myths of the Middle Ages. New York 1967 ([1]1866–68).
Berg, S., R. Rolle u. H. Seemann, Der Archäologe und der Tod. München u. Luzern 1981.
Bernbeck, R., Theorien in der Archäologie. Tübingen u. Basel 1997.
Die Bibel. Nach der Übersetzung M. Luthers. Revidierter Text 1975. Stuttgart 1978.
Bickermann, E., Ritualmord und Eselskult. Ein Beitrag zur Geschichte antiker Publizistik. Monatsschrift für Geschichte und Wissenschaft des Judentums 71, 1927, 171–187, 255–264.
Binford, L. R., Bones. Ancient Man and Modern Myths. New York 1981.
Bitterli, U., Die ‚Wilden' und die ‚Zivilisierten'. Grundzüge einer Geistes- und Kulturgeschichte der europäisch-überseeischen Begegnung. München 1976.
Ders. (Hrsg.), Die Entdeckung und Eroberung der Welt. Dokumente und Berichte. Bd. I: Amerika, Afrika (1980). Bd. II: Asien, Australien, Pazifik (1981). München.
Ders., Alte Welt – Neue Welt. Formen des europäisch-überseeischen Kulturkontakts vom 15. bis 18. Jahrhundert. München 1986.
Boehm, F., Formen und Motive der Anthropophagie. Imago 18, 1932, 150–188.
Brady, I., The Myth-Eating Man. American Anthropologist 84, 1982, 595–611.
Brown, P. u. D. Tuzin (Hrsg.), The Ethnography of Cannibalism. Washington 1983.
Burkert, W., Homo necans. Interpretationen altgriechischer Opferriten und Mythen. Berlin – New York 1972.
Caesar, G. I., Der gallische Krieg. Übersetzt von M. Deissmann. Stuttgart 1980.
Cohn, N., Europe's Inner Demons. An Inquiry Inspired by the Great Witch-Hunt. London 1977.
Ders., Das neue irdische Paradies. Revolutionärer Millenarismus und mystischer Anarchismus im mittelalterlichen Europa. Reinbek bei Hamburg 1988.
Davies, N., Opfertod und Menschenopfer. Glaube, Liebe und Verzweiflung in der Geschichte der Menschheit. Frankfurt/M. – Berlin – Wien 1983.
Defoe, D., Robinson Crusoe. Frankfurt/M. 1973 ([1]1719).
Delumeau, J., Angst im Abendland. Die Geschichte kollektiver Ängste im Europa des 14. bis 18. Jahrhunderts. Reinbek bei Hamburg 1989.
Diaz del Castillo, B. de, Die Geschichte der Eroberung von Mexiko. Frankfurt/M. 1988.
Eggers, H. J., Einführung in die Vorgeschichte. München 1986 ([1]1959).
Forster, G., Reise um die Welt. Frankfurt/M. 1983 ([1]1777).

Forsyth, D. W., The Beginnings of Brazilian Anthropology. Jesuits and Tupinamba Cannibalism. Journal of Anthropological Research 39, 1983, 147–178.

Ders., Three Cheers for Hans Staden: The Case for Brazilian Cannibalism. Ethnohistory 32, 1985, 17–36.

Frank, E., „Sie fressen Mensch, wie ihr scheußliches Aussehen beweist...“. Kritische Überlegungen zu Zeugen und Quellen der Menschenfresserei. In: H. P. Duerr (Hrsg.), Authentizität und Betrug in der Ethnologie. Frankfurt/M. 1987, 199–224.

Ders., „...y se lo comen.“ Kritische Studie der Schriftquellen zum Kannibalismus der panosprachigen Indianer Ost-Perus und Brasiliens. Bonn 1988.

Geertz, C., Die künstlichen Wilden. Der Anthropologe als Schriftsteller. München – Wien 1990.

Gennep, A. van, Übergangsriten (Les rites de passage). Frankfurt/M. 1986 ([1]1909).

Gewecke, F., Wie die neue Welt in die alte kam. München 1992.

Ginzburg, C., Hexensabbat. Entzifferung einer nächtlichen Geschichte. Berlin 1990.

Glasse, R., Cannibalism in the Kuru Region of New Guinea. Transactions of the New York Academy of Sciences (Ser. II) 29, 1967, 748–754.

Groh, D., The Temptation of Conspiracy Theory, or: Why Do Bad Things Happen to Good People? Part II: Case Studies. In: C. F. Graumann u. S. Moscovici (Hrsg.), Changing Conceptions of Conspiracy. New York 1987, 15–37.

Grün, R. u. E. Grün (Hrsg.), Die Eroberung von Peru. Pizarro und andere Konquistadoren 1526–1712. Tübingen u. Basel 1973.

Harbsmeier, M., Wilde Völkerkunde. Andere Welten in deutschen Reiseberichten der Frühen Neuzeit. Frankfurt/M. – New York 1994.

Harner, M., The Ecological Basis for Aztec Sacrifice. American Ethnologist 4, 1977, 117–135.

Harris, M., Cannibals and Kings. The Origins of Cultures. New York 1977 (dt.: Kannibalen und Könige. Frankfurt/M. 1978).

Ders., Wohlgeschmack und Widerwillen. Die Rätsel der Nahrungstabus, Stuttgart 1988.

Henrichs, A., Pagan Ritual and the Alleged Crimes of the Early Christians. In: P. Granfield u. J. A. Jungmann (Hrsg.), Kyriakon. Festschrift für J. Quasten I, Münster 1973, 18–35.

Herodot, Historien. Übersetzt von A. Horneffer. Hrsg. W. Haussig. Stuttgart 1971.

Herrmann, J. (Hrsg.), Griechische und lateinische Quellen zur Frühgeschichte Mitteleuropas I. Von Homer bis Plutarch. Schriften und Quellen der Alten Welt 37, 1, Berlin 1988.

Hertz, R., Contribution à une étude sur la répresentation collective de la mort. In: Année Sociologique 10, 1907, 48–137 (auch in: Death and the Right Hand. Aberdeen 1960).

Homer, Odyssee. Übersetzt von J. H. Voss. Stuttgart 1975.
Hughes, D. D., Human Sacrifice in Ancient Greece. London 1991.
Jankuhn, H., Spuren von Anthropophagie in der Capitulatio de partibus Saxoniae? Nachrichten der Akademie der Wissenschaften Göttingen, Phil. Hist. Kl. 3, Nr. 74, 1968.
Jelgersma, H. C., Der Kannibalismus und seine Verdrängung im alten Ägypten. Imago 14, 1928, 275–292.
Kohl, K.-H., Exotik als Beruf. Erfahrung und Trauma der Ethnographie. Frankfurt/M. – New York 1986.
Ders., Abwehr und Verlangen. Frankfurt/M. – New York 1987.
Kolata, G., Kannibalismus: Mythos oder Wirklichkeit? Bild der Wissenschaft 24, 1987, 108–120.
Kolumbus, C., Bordbuch. Mit einem Nachwort von F. Gewecke. Frankfurt/M. 1981.
Ders., Dokumente seines Lebens und seiner Reisen 1451–1506. 2 Bd. Leipzig 1991.
Kramer, F., Verkehrte Welten. Zur imaginären Ethnographie des 19. Jahrhunderts. Frankfurt /M. 1981.
Kremser, M., Das Bild der ‚menschenfressenden Niam Niam' in den Berichten deutscher Forschungsreisender des 19. Jahrhunderts. Wiener Ethnohistorische Blätter 21, 1981, 77–111.
Lange, G., Die menschlichen Skelettreste aus dem Oppidum von Manching. Die Ausgrabungen in Manching 7, 1983.
Langmuir, G. I., The Knight's Tale of Young Hugh of Lincoln. Speculum 47, 1972, 459–482.
Léry, J. de, Unter Menschenfressern am Amazonas. Brasilianisches Tagebuch 1556–1558. Tübingen u. Basel 1977.
Lewis, I. M., Schamanen, Hexer, Kannibalen. Die Realität des Religiösen. Frankfurt/M. 1989.
Lorbeer, M. u. H. Wild (Hrsg.), Menschenfresser – Negerküsse ... Das Bild vom Fremden im deutschen Alltag. Berlin 1991.
Malinowski, B. K., Das Geschlechtsleben der Wilden in Nordwest-Melanesien. Liebe, Ehe und Familienleben bei den Eingeborenen der Trobriand-Inseln, Britisch-Neuguinea. Frankfurt/M. 1983 ([1]1929).
Matiegka, H., Anthropophagie in der prähistorischen Ansiedlung bei Knovize und in prähistorischer Zeit überhaupt. Mitteilungen der Anthropologischen Gesellschaft Wien N. F. 16, 1896, 129–140.
Menninger, A., Unter ‚Menschenfressern'? Das Indiobild der Südamerika-Reisenden Hans Staden und Ulrich Schmidl zwischen Dichtung und Wahrheit. In: Dies., T. Beck u. T. Schleich (Hrsg.), Kolumbus' Erben. Europäische Expansion und überseeische Ethnien im ersten Kolonialzeitalter. Darmstadt 1992, 63–98.
Dies., Die Macht der Augenzeugen. Neue Welt und Kannibalen-Mythos, 1492–1600. Stuttgart 1995.
Dies., Die Kannibalen Amerikas und die Phantasien der Eroberer. Zum

Problem der Wirklichkeitswahrnehmung außereuropäischer Kulturen durch europäische Reisende in der frühen Neuzeit. In: H. Röckelein (Hrsg.), Kannibalismus und europäische Kultur. Tübingen 1996, 115–141.

Monegal, E. R. (Hrsg.), Chroniken Lateinamerikas von Kolumbus bis zu den Unabhängigkeitskriegen. Frankfurt/M. 1982.

Müller, K. E., Geschichte der antiken Ethnographie und ethnologischen Theoriebildung. Von den Anfängen bis auf die byzantinischen Historiographien. Studien zur Kulturkunde 29 (Teil I) 1972 und 52 (Teil II) 1980.

Ders., Der Krüppel. Ethnologia passionis humanae. München 1996.

Ohler, N., Sterben und Tod im Mittelalter. München u. Zürich 1990.

Peter-Röcher, H., Kannibalismus in der prähistorischen Forschung. Studien zu einer paradigmatischen Deutung und ihren Grundlagen. Universitätsforschungen zur Prähistorischen Archäologie 20. Bonn 1994.

Dies., Kannibalismus in prähistorischer Zeit? Mitteilungen der Berliner Gesellschaft für Anthropologie, Ethnologie und Urgeschichte 15, 1994, 25–34.

Dies., Kannibalismus in prähistorischer Zeit? Streifzüge durch Vorgeschichte, Antike und Neuzeit. Antike Welt 27, 1996, 257–269.

Dies., Bestattungssitten oder Opferbrauchtum? Anmerkungen zu menschlichen Skelettresten des älteren Neolithikums. In: Dies., C. Becker, M.-L. Dunkelmann, C. Metzner-Nebelsick, M. Roeder u. B. Teržan (Hrsg.), Chronos. Festschrift für B. Hänsel, Espelkamp 1997, 59–66.

Dies., Rezension von: M. M. Rind, Menschenopfer. Vom Kult der Grausamkeit (Regensburg 1996). Acta Praehistorica et Archaeologica 29, 1997, 182–184.

Dies., Die Höhle von Býčí skála – Gaben an Götter und Ahnen. Mitteilungen der Berliner Gesellschaft für Anthropologie, Ethnologie und Urgeschichte 18, 1997, 47–56.

Dies., Menschliche Skelettreste in Siedlungen und Höhlen: Kritische Anmerkungen zu herkömmlichen Deutungen. Ethnographisch-Archäologische Zeitschrift 38, 1997 (im Druck).

Dies., Rezension von: U. Veit, Studien zum Problem der Siedlungsbestattung im europäischen Neolithikum (Münster/New York 1996). Prähistorische Zeitschrift 73, 1998, 110–114.

Dies., Die Býčí skála-Höhle in Mähren: Opfer, Ahnenkult und Totenritual in der Hallstattzeit. Das Altertum 44, 1998 (im Druck).

Ratzel, F., Zur Beurtheilung der Anthropophagie. Mitteilungen der Anthropologischen Gesellschaft Wien 17, 1887, 81–85.

Röckelein, H. (Hrsg.), Kannibalismus und europäische Kultur. Tübingen 1996.

Röder, B., J. Hummel u. B. Kunz, Göttinnendämmerung. Das Matriarchat aus archäologischer Sicht. München 1996.

Rohrbacher, S. u. M. Schmidt, Judenbilder. Kulturgeschichte antijüdischer Mythen und antisemitischer Vorurteile. Reinbek bei Hamburg 1991.

Rolle, R., Zum Problem der Menschenopfer und kultischen Anthropophagie in der vorrömischen Eisenzeit. Neue Ausgrabungen und Forschungen in Niedersachsen 6, 1970, 46–52.
Sagan, E., Cannibalism, Human Aggression and Cultural Form. London 1974.
Sahlins, M., Cannibalism: An Exchange. New York Review of Books, March 22, 1979, 46f.
Sanday, P. Reeves, Divine Hunger. Cannibalism as a Cultural System. Cambridge Univ. Press 1986.
Schaaffhausen, H., Die Menschenfresserei und das Menschenopfer. Archiv für Anthropologie 4, 1870, 245–286.
Schmitt, E. (Hrsg.), Dokumente zur Geschichte der europäischen Expansion (4 Bde.). München 1984–1988.
Schwaiger, G. (Hrsg.), Teufelsglaube und Hexenprozesse. München 1988.
Schweinfurth, G., Im Herzen von Afrika, 1868–1871. Stuttgart 1984 (^{1}1874).
Shankman, P., Le Rôti et le Boullie: Lévi-Strauss' Theory of Cannibalism. American Anthropologist 71, 1969, 54–69.
Sievernich, G. (Hrsg.), America de Bry, 1590–1634. Amerika oder die Neue Welt. Die ‚Entdeckung' eines Kontinents in 346 Kupferstichen. Berlin-New York 1990.
Soldan, W. G. u. H. Heppe, Geschichte der Hexenprozesse. 2 Bde., nach der Ausgabe Cotta 1880. Kettwig 1986.
Speyer, W., Zu den Vorwürfen der Heiden gegen die Christen. Jahrbuch für Antike und Christentum 6, 1963, 129–135.
Spiel, C., Menschen essen Menschen. Die Welt der Kannibalen. Frankfurt/M. 1974.
Sprenger, J. u. H. Institoris, Der Hexenhammer (Malleus maleficarum). München 1987 (Erstdruck 1487).
Staden, H., Brasilien. Die wahrhaftige Historie der wilden, nackten, grimmigen Menschenfresser-Leute 1548–1555. Nördlingen 1988 (Erstausgabe 1557).
Steadman, L. B. u. C. F. Merbs, Kuru and Cannibalism? American Anthropologist 84, 1982, 611–627.
Stanley, H. M., Durch den dunklen Weltteil. Hamburg 1878.
Theye, T. (Hrsg.), Wir und die Wilden. Einblicke in eine kannibalische Beziehung. Reinbek bei Hamburg 1985.
Thiel, J. F., Quellen der Ethnologie und ihre Rezeption. In: W. Schmied-Kowarzik u. J. Stagl (Hrsg.), Grundfragen der Ethnologie. Beiträge zur gegenwärtigen Theoriediskussion. Berlin 1981, 79–91.
Thomsen, C. W., Menschenfresser in der Kunst und Literatur, in fernen Ländern, Mythen, Märchen und Satiren, in Dramen, Liedern, Epen und Romanen. Eine kannibalische Text-Bild-Dokumentation. Wien 1983.
Trinkaus, E. u. P. Shipman, Die Neandertaler. Spiegel der Menschheit. München 1993.

Volhard, E., Kannibalismus. Studien zur Kulturkunde 5, 1939.
Wendt, A., Kannibalismus in Brasilien. Eine Analyse europäischer Reiseberichte und Amerika-Darstellungen für die Zeit zwischen 1500 und 1654. Europäische Hochschulschriften R. 19 Bd. 5, 1989.
Wittkower, R., Marvels of the East: A Study in the History of Monsters. Journal of the Warburg and Courtauld Institutes 5, 1942, 159–197.
Zukier, H., The Conspiratorial Imperative: Medieval Jewry in Western Europe. In: C. F. Graumann u. S. Moscovici (Hrsg.), Changing Conceptions of Conspiracy. New York 1987, 87–103.

Abbildungsnachweis

Register

Buchanzeigen